JN192645

音 声 学 を 学 ぶ 人 の た め の

Praat入門

北原真冬・田嶋圭一・田中邦佳 著

ひつじ書房

まえがき

本書は、2000年代以降の音声研究において世界標準と言ってもよいほど広く普及したPraatという音声分析・実験プラットフォームソフトウェアについての詳しい紹介と、音声学についての入門を兼ねた書籍です。

ワープロや表計算などの一般的な市販ソフトウェアは非常に多機能なため、分厚いマニュアル本が出版されていることがあります。しかし、音声分析に関するソフトウェアを一冊丸ごと使って解説することは極めて稀であり、特にPraatの実用的な解説が書籍として形になるのは、世界でも初めてのことです。

Praatは無料でダウンロード・使用することができるにも関わらず、多機能かつ実用的であり、詳しいマニュアルを望む声は以前から頻繁にありました。私たちは日本音響学会、日本音声学会、日本音韻論学会などの催しにおいて、Praat講座をこの10年ほど続けてきましたが、それらに参加してくださった方々だけでなく、都合が合わずに参加できなかった方々からは特に、講座のハンドアウトをまとめて出版してほしい、というリクエストを何度もいただいてきました。

一方で、大学・大学院の音声学の授業において、テキストとして使えるような入門書の需要は常に存在します。声道の断面図や国際音声字母の一覧表を覚えるだけでなく、実際に自分の声を録音し、その音響的な特徴を視覚から把握することは音声学の基本要素として避けては通れません。また、発音や聴解という「実技」の訓練に重きを置いた授業でも、視覚的に音声を把握することは大いに助けになります。従って、Praatの使用法を、音声学・発音・聴解の中でよく扱われるトピックを通して学んでいくという実践的なテキストは、多くの学生・院生・教員にとって有用ではないかと考えました。

上記のような需要に応じ、本書は、標準的な15週間の授業において使える音声学のテキスト兼自習教材として使えるように作られています。準備の部分を第0章として、第14章まで、合計15章あります。またほぼ全ての章に演習問題を用意し、実習や宿題として利用できるようにしてあります。

本書は全体を大まかに4つに分け、入門編、初級編、中級編、上級編としています。各編には3から5つの章が収まり、Praat の様々な機能 について解説しています。Praat について予備知識のある方は、どの章から始めても構いませんが、そうでなければ、最初から順序通りに進めていくのがよいでしょう。

　章としては飛び飛びになっていますが、音声のラベリングとそれをスクリプトによって利用する方法には4・5・10・14章が関連しています。一方、音声分析、音声合成については、2・6・8・11・12章が関連しています。また、知覚実験の方法については9・13章が関係します。従って、必要に応じて関連する章のみを読み進めていくのもお勧めです。なお、各章の執筆は0・1・4・5・10・14章を北原、2・6・8・11・12章を田嶋、3・7・9・13章を田中が担当しました。

　Praat は機能の多さに応じて操作もかなり複雑で、「あれがしたい」、「これが出来たらいいのに」とユーザーが思うことを実現するためには、いろいろな壁を乗り越えなければなりません。まず一番の壁は、インターフェースが全て英語であり、ヘルプもネット上の情報も英語のものが大半を占めることです。次なる壁は、作業の効率化のためにはプログラミングの知識が必要なことです。知覚実験を実行するためには気をつけなければいけないことが多いのも、壁となっているかもしれません。

　本書は、Praat を使う際にこれらの壁を乗り越えるための「梯子」の役割を

担おうとするものです。学部生・大学院生や、音声を分析する必要に迫られた方々が、音声学とその関連領域の学習をしながら Praat を使いこなせるようになっていただければ、私たちにとってこれ以上の幸せはありません。

　本書の出版にあたり、その前段階の Praat 講座を組織してくださった前述の各学会の運営・実行委員の方々、そして講座の参加者として貴重なフィードバックを下さった方々にまずお礼を述べたいと思います。また、ひつじ書房の編集長の松本功さん、私たちの前担当の鈴木紫野さん、現担当の森脇尊志さんには、本を作成するというプロセスの基本部分からガイドしていただいて本当に助かりました。本書の草稿に目を通していただいた上智大学、早稲田大学、法政大学、大東文化大学、多摩リハビリテーション学院の院生・学生の方々にも感謝しています。特に演習問題のレベルや手順についてのフィードバックは、この本の使いやすさを大きく高めてくれたと感じています。最後に、Praat を世に出してくれた Dr. Paul Boersma と Dr. David Weenink にも強く感謝しています。Praat のおかげでオランダから遠くはなれたこの日本でも、厳しい予算のもとで音声学をなんとか続けていくことができることを有難く思っています。ただし、全ての誤りや思い違いは私たちの責任であることはもちろんです。

　なお、本書で取り上げたスクリプトやサンプルデータをサポートページ (http://www.hituzi.co.jp/871praat.html) に載せています。是非御利用ください。

著 者 一 同

目次

I

入門編

00 Praatのインストール

Praatは無料で公開されているソフトウェアで、誰でも自由にダウンロードして使うことができます。インストールも極めて簡単ですが、ご使用のPC・OSに合ったバージョンを選ぶことや、音声記号フォントをインストールすることなどが事前に必要です。この章では、そのような準備作業について解説します。

1　事前の準備

Praat本体は約26MBのスペースを占めます。また無圧縮のステレオ音声ファイルは、CDと同等の音質であれば、1分で10MBほどのスペースを取ります。2021年現在のPCは通常少なくとも500GB〜1TBほどのディスクスペースを持っていますが、既に色々なアプリケーションをインストールしていたり、動画データなどを溜め込んでいる場合は、ディスクスペースに余裕があるか確かめておきましょう。

　また、ファイルの拡張子 (「.wav」などのようにファイル名の最後に付く「ピリオド＋数字」部分) が見える設定になっている必要があります。Windows、MacOSともデフォルトは見えない設定になっていますが、Praatは拡張子のみが異なるファイルを多く用いるため、それらの区別ができないと困ったことになります[1]。

　事前の準備としてもう1つ、マイクとスピーカー (あるいはヘッドホン) があるかどうか確認しましょう。最近のディスプレイ一体型やノート型のPCはSkypeなどのいわゆるテレビ電話アプリに対応して、カメラ、マイク、ス

ピーカーが全て組み込まれているのが普通です。しかしデスクトップPCに
はマイクが付属していないこともあるので、その際は別途購入しなければな
りません。ヘッドホンとマイクが一体になった1000円程度の物でも最初は十
分です。本格的な実験をするには防音室も必要なので、そのような設備と、
よいマイクや録音装置をセットでいずれ考えることになるでしょう[2]。

2　ダウンロードとインストール

Praat は http://www.fon.hum.uva.nl/praat/ にアクセスして、自分の環境[3]にあっ
たものを手に入れることができます。Windows と MacOSのいくつかのバー
ジョンについて Praat のどのバージョンを導入すべきか、表1にまとめました。
ダウンロードしたものはディスクイメージ（dmg）あるいはzip圧縮[4]されていま
すので、展開したらすぐに使い始めることもできます。一般的には、展開した
ファイルを、Windows ならばプログラム（Program Files）、MacOS ならばアプリケー
ション（Applications）というフォルダに移動しておけば、そのマシンの全ての
ユーザーが Praat を利用できます[5]。

[表1] OSとPraatのバージョン対応一覧（2021年1月現在）

OS名称・バージョン	Praat	備考
Windows2000 以降全て	最新版	OS が 32bit か 64bit に注意
MacOS 10.1	4.1.13	
MacOS 10.2-10.3	5.1.19	
MacOS 10.4-10.5	5.2.17	CPU が PowerPC の場合
MacOS 10.5-10.6	6.0.16	32bit 版の Praat 推奨
MacOS 10.7 以上	最新版	

3　音声記号フォントのインストール

Praat を起動すると、最初に「音声記号フォントが必要」という趣旨のエラー
メッセージに出会うことがあります。音声記号フォントを入れても入れなく
ても、本書で解説するほとんどの項目に支障はありませんので、そのまま進

んでも構いません。ただし、Praat 上で音声記号の入った図を作成したいと思う場合もあるでしょうから、フォントのインストールについてここで説明します。

　まず言語学関連の NPO である SIL（Summer Institute of Linguistics）が作成した Charis SIL と Doulos SIL の両方あるいは片方を、Praat のダウンロードページにあるリンクからダウンロードします。どちらも zip ファイルになっているので、展開してから、さらにフォルダを開いて拡張子が「.ttf」のファイルを選択します。右クリックして「インストール」を選ぶと正しい場所にインストールされます。

　Praat の中では「\」とアルファベットを組み合わせた短縮記法を用いると、よく使う音声記号がすぐに打ち出せるようになっています。例えば「\ng」と打てば軟口蓋鼻音［ŋ］が現れます。

注

1　Windows 一般については Microsoft サポートサイト
　　https://support.microsoft.com/ja-jp
　　MacOS 一般については Apple サポートサイト
　　https://support.apple.com/ja-jp
　　を参考にしてください。各サイトで「拡張子」を検索すれば、その表示の仕方についてバージョン別に詳しい記述があります。

2　PC に直接録音するのは手軽ですが、PC のノイズが気になることもあるでしょう。別途 IC レコーダーを用意するのが次善の策と言えます。いわゆる CD 並みの音質（IC レコーダーのカタログなどではリニア PCM と呼ぶ方式）で録音できる、10000 円前後のものを用意すると、その内蔵マイクであっても、1000 円前後のヘッドホン一体型マイクよりは質の高い録音ができます。

3　Praat は Windows、Mac、Linux、FreeBSD の主要なバージョンに対応しています。本書では Windows 10 と Mac OS 10.10 以降、Praat のバージョンは 6.0.29 以降の環境に基づいて実行・検証・執筆しています。それより古いバージョンを使用していても、Praat 側の基本的な操作に大きな違いはありませんが、新たに追加された機能の一部が使えない場合もあります。

4　zip は主要な OS にデフォルトで入っている圧縮（ファイルサイズを小さくする）ソフトウェアです。Windows ではダブルクリックした後、そのフォルダの中身を別の場所にドラッグすると Praat が使えるようになります。MacOS では、ダブルクリックして開いたフォルダの中の Praat をそのまま使うことができます。なお、Praat の古いバージョンでは、Mac 用には StuffIt という圧縮ソフトが、Windows には「.exe」という拡張子を持つ自己解凍（圧縮したものを元に戻すことを展開または解凍と呼ぶことがあります）形式が使われていることもあります。StuffIt の圧縮ファイルには解凍専用のフリーのツール（StuffIt Expander）などを用いてください。

5　ただし、これらのフォルダにファイルを移動するには、そのマシンの管理者権限が必要です。管理者権限を持たない場合（例えば学校の PC ルームなど）でも、ユーザーの使える領域内にダウンロード・展開して利用することが多くの場合可能です。

01 はじめに

1 Praatの概観

Praat はアムステルダム大学の Paul Boersma と David Weenink が開発した音声分析用フリーウェアで、1990年代の後半から広く普及し始めました。バージョンが上がる度に機能が次々と追加され、現在では音声分析に留まらず、知覚実験の遂行、統計解析、音声合成など、音声学・音韻論にまつわる多様なツールの集合体となっています。

　本書では、Praat の膨大な機能の内から重要なものを選び、「入門編」「初級編」「中級編」「上級編」の4段階に分けて、音声学の基本的な事項を学んでいくのに必要なコアの部分から、学術専門誌に論文を投稿できるレベルまで解説していきます。それでもなお、カバーしきれない機能の方が多いほどですが、本書の実習課題をこなしながら読み通せば、残りの機能は1人で探求できるぐらいの地力が身に付くであろうと思います。Praat には情報量の多いヘルプも付属していて、10章、14章で見るスクリプトの実例も含まれています。Praat の主要なウィンドウの右上には必ず「Help」ボタンが現れるので、利用中の疑問はすぐに調べることができます。

2 録音とサウンドエディター

前章のダウンロードとインストールが済んだら、まずは Praat を起動してみましょう。すると図1-1 と 1-2 のような2つの画面が現れます。各ウィンドウの上端には［New］［Open］や［File］［Edit］などのメニューが並んでいます。

［図1-1］オブジェクトウィンドウ　　　　　　　［図1-2］ピクチャーウィンドウ

Praatの操作において中心的な役割を担うのは図1-1のオブジェクトウィンドウ（Praat Objects）です。図1-2のピクチャーウィンドウ（Praat Picture）は画像の出力に用いますが、第7章で詳しく触れますので今は閉じておいてください。

オブジェクトウィンドウは大きく2つのパネル（最初はどちらも空欄）から成り、左側のパネルには音声や演算結果などの操作対象（オブジェクト）が入ります。右側のパネルには、そのオブジェクトに対して可能な操作がオブジェクトに応じて現れます。それらをボタンと呼ぶことにします。なお左下には5つのボタンが常に表示されていて、それぞれ［Rename］（名前を変える）、［Inspect］（調べる）、［Remove］（削除する）、［Copy］（コピーする）、［Info］（オブジェクトの性質を表示する）、という機能を持っています。

では、早速Praatを使って録音をしてみましょう。図1-3のようにメニューの［New］-［Record mono Sound］を選択します。すると図1-4のサウンドレコーダーという別ウィンドウが開きます。

サウンドレコーダーの中央の空白は入力レベルメーターとなっていて、録

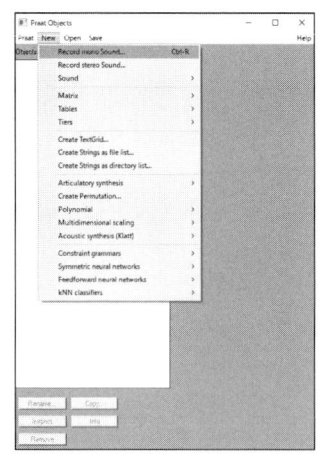

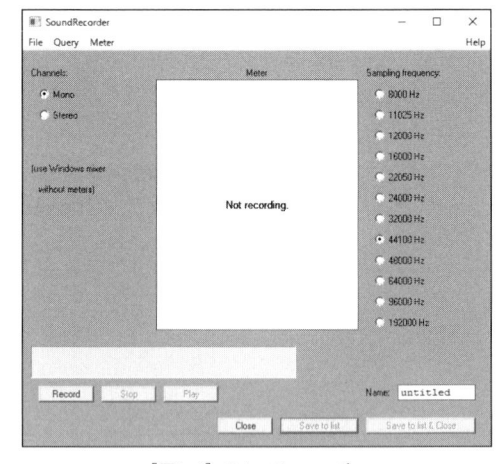

[図1-3] 録音メニュー　　　　　　　　　　　[図1-4] サウンドレコーダー

音時には入力に応じて緑・黄色・赤のバーが上下します。赤の時は入力が過大で音がひずんでいることを示します。右側の［Sampling frequency］(サンプリング周波数) は録音の品質を決めるパラメーターです[1]。左側の［Channels］(チャンネル) は、［Mono］(モノラル) のままでよいでしょう。なお、これらの項目は機種や周辺機器との接続によって異なる表示になることがあります。

　左下部の［Record］(録音) ボタンをクリックするとすぐに録音が始まります。ここでは「はじめてプラートで録音中」と言ってみることにします。

　［Stop］(停止) ボタンをクリックすると録音が止まります。［Play］(再生) ボタンで、今の録音を確認することもできます。右下の［Name:］の後のuntitledとある欄に任意の分かりやすい名前 (ここではtestとします) を入力してから、さらにその下にある［Save to list & Close］(オブジェクトのリストに録音を送り、サウンドレコーダーウィンドウを閉じる) をクリックして、録音は終了です。ちなみに［Close］(閉じる) ボタンは、せっかく録音したものが利用できないまま、単にウィンドウを閉じてしまいますから、クリックしないように注意してください[2]。

　画面はオブジェクトウィンドウに戻っていて、左側のパネルに今録音したばかりのオブジェクトが［ID番号 Sound test］という形式で現れています。

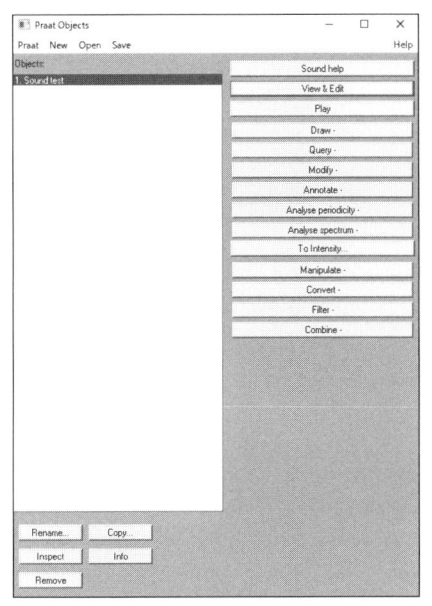

［図1-5］ オブジェクトありの状態

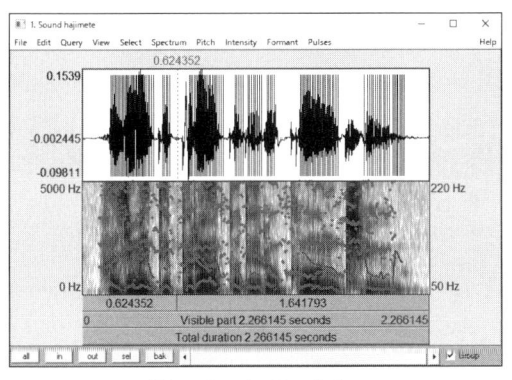

［図1-6］ サウンドエディター

右側のパネルにはそれに対する可能な操作のボタンがずらりと並んでいます（図1-5）。ここでは録音を点検する意味でも、まず上から2つめの［View & Edit］（目視と編集）ボタンを押してみましょう。

　すると図1-6のような画面が現れます。これをサウンドエディター（Sound

Editor）と呼び、音声を可視化し分析する最も基本的な窓口となります。サウンドエディターウィンドウの要素は以下の通りです。

○上端：[File][Edit] …などのメニュー
○上パネル：波形
○下パネル：スペクトログラム
○上下パネルを貫く点線：カーソル
○パネルの下の3段のバー：クリックすると
　●上段：カーソル位置の前あるいは後の音声を再生する
　●中段：今、パネル上で見えている範囲を再生する
　●下段：サウンドオブジェクトの全体を再生する。
　●左下端：パネルに表示する範囲をズームできるボタン。
　　　[all]：全体にズームアウト
　　　[in]：2倍にズームイン
　　　[out]：0.5倍にズームアウト
　　　[sel]：あらかじめカーソルをドラッグして選択した範囲にズームイン
　　　[bak]：直前のズーム状態に戻る
○右下端：[Group] ボタンによって、複数のサウンドエディターのスクロールを同期させる。

パネル内の様々な表示とその意味については本章の4節および次章以降で実習を通して解説します。

3　スクリーンショットによる画像の保存と印刷

前節で音声の可視化が出来たので、これを画像として保存し、文書に貼付けることも出来るようになりましょう。OS が提供するスクリーンショットの機能を用いれば、手軽に画面をそのまま保存できます。

　Windowsでは、まず画像として保存したいウィンドウ（今回の場合はサウンドエディター）をクリックして選択します。続いてAlt キーを押しながらキーボードの［Print Screen］キーを押します。何もフィードバックはありませんが、この時PCの中ではメモリー上のクリップボードに画像がコピーされています。

ワープロあるいはペイントソフトを立ち上げて、新規の書類を開き、「ペースト（貼付け）」を行うと、画像が現れます。

　Macでは、まず［command］＋［shift］＋［4］のキーを同時に押すと、スクリーンショットを撮るモードに移行します。ここでスペースバーを押すとポインターがカメラの形になります。このカメラポインターを目的のウィンドウに重ねてからクリックするとシャッター音が鳴って、デスクトップにPNG（Portable Network Graphics）形式[3]で画像ファイルが出現します。この画像ファイルはワープロでも画像ビューワーでも自由に扱えます。

　なお、より精密で、複数の図の重ね合わせなどができるピクチャーウィンドウに関する説明は第7章を参照してください。

4　音声学実習：VOTの測定

本節ではPraatの操作と可視化された音声に慣れるために、簡単な実習を行います。テーマはVOT（Voice Onset Time）です。Lisker & Abramson（1964）の古典的な研究によって、閉鎖音の破裂と声（voice）の出始め（onset）の間の時間（time）、すなわちVOTが、無声音［p,t,k］、無声帯気音［pʰ,tʰ,kʰ］、有声音［b,d,g］、有声帯気音［bʰ,dʰ,gʰ］の弁別に決定的な役割を果たしていることが分かっています。ここでは日本語についてShimizu（1996）、清水（2011）を参考に一部を追実験してみましょう。

> **演習1**　日本語の有声と無声の閉鎖音のVOTを調べましょう。

① 有声と無声の閉鎖音を持ち、閉鎖音前後の環境とアクセントを揃えた単語セットを考えましょう。

▶①解答例
　「ピン［pin］、瓶［bin］、天［ten］、電［den］、県［ken］、弦［gen］、パン［pan］、蛮［ban］、単［tan］、団［dan］、缶［kan］、雁［gan］」の12単語を「これは＿＿です」という文の空所にあてはめて発話する（このような文をキャリア文と呼びます）。

②上記の12の単語群を毎回異なるランダムな順序で複数セット表示する方法を考えましょう。なお、マイクを前にすると誰でも緊張する上、声がかすれたり言い淀むこともしばしば起こるので、少なくとも3セット録音することにしましょう。

▶②解答例
パワーポイントなどのスライドショー表示アプリを用い、あらかじめ順序をばらばらに入れ替えたスライドショーを3セット作って表示する。なお、Praatを走らせているPCとは別に何か画面を表示できるデバイスが必要になります。もう1台PCがあれば簡単ですが、スマートフォンやタブレット用のスライドショーアプリもあります。

③あなた自身を被験者として、スライドショーに提示した素材を読み上げ、Praatを用いて録音しましょう。読み上げる早さは普通で構いませんが、スライドショーを進める時のクリック音が声にかぶらないように、文と文の間は意識的に間を取る方がよいでしょう。

▶③注意点
録音はなるべく静かな環境で、ささやき声やかすれ声にならないように、しっかり声を出して行いましょう。言い間違えたり、電話が鳴ったりしても焦らずに。何度も途中からやり直しても構いません。

④PraatでVOT分析をしましょう。

▶④注意点
図1-7に示したのは「ピン」の場合です。破裂の位置は波形（上のパネル）で、縦に鋭いスパイク状の形が見られること、およびスペクトログラム（下のパネル）でもパネル全体を縦に貫く、細くて濃いノイズが見られることです。声の始まりは、その後に続く規則的な波形の始まりを捉え、波形（上のパネル）の真ん中を水平に横切るゼロのラインを通過するところとします。この図の場合、VOTの値は0.015653秒と読み取れます。図1-8は「瓶」の

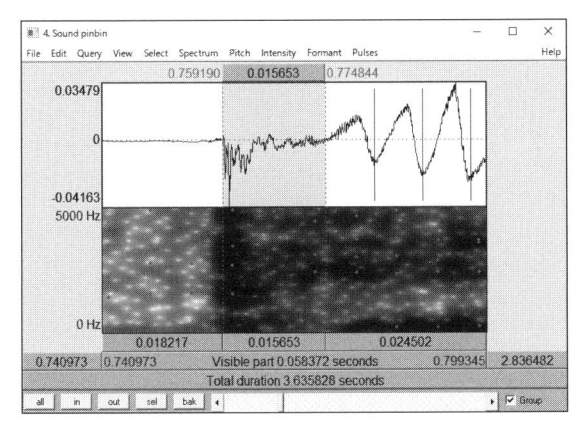

［図1-7］「ピン」のVOT測定見本

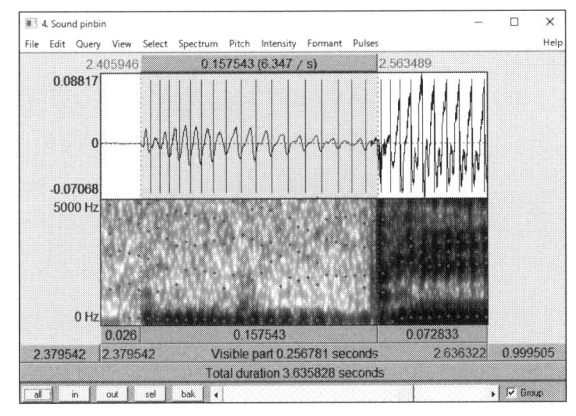

［図1-8］「瓶」のVOT測定見本

場合です。破裂よりも前から、スペクトログラム（下のパネル）の低い位置だけに濃いエネルギーが続いています。これは声の出始めが破裂よりも随分と前にあることを示します。従ってVOTの値は-0.157543秒となります。

⑤データの整理

　12単語のセットを3回録音したので、延べ36個（このひとつひとつをトークンと呼びます）を同様の方法で測定します。表計算ソフトを同時に開いて、VOT

をひとつずつ打ち込んでいき、全部終わったら、音素ごとにまとめて平均値を出しましょう。また平均値をミリ秒 (ms) に直して小数点以下を四捨五入しましょう。

▶⑤参考

Shimizu (1996) の測定では日本人話者によるVOTの平均値 (ms) は以下の通りです。みなさんの結果はどうでしたか？

	有声音		無声音
b	-89	p	41
d	-75	t	30
g	-75	k	66

演習2 今度は日本語話者が外国語として英語を発音する場合のVOTを調べてみましょう。演習1と同様の手順で進めていきます。英語の場合はストレスのある音節頭で無声閉鎖音は帯気音となります。しかし、[s] が直前にあると非帯気音になると言われています。単語セットの案は以下の通りですが、独自に考えてもっと増やしてみても面白いでしょう。

▶単語セット案

「pill, Bill, spill, till, dill, still, kill, gill, skill」

▶キャリア文案

「Say ＿＿ again」

▶測定結果（平均値）を記入しましょう。

有声音		無声音		帯気音	
b		sp		p^h	
d		st		t^h	
g		sk		k^h	

注

1 　サンプリング周波数は音波をどれだけ細かく解析するかを表します。44100Hzとは1秒の音声を44100個に分割して、数値化することになり、サンプリング周波数が高ければ、扱える入力音の周波数の最大値も上がります。通常のオーディオCDは44100Hzのサンプリング周波数でデジタル化されていますが、最近は96000Hzやそれ以上を用いた、いわゆるハイレゾ（High resolution）オーディオも一部で流行しています。ただし、音声研究においてはCD以上の音質を必要とすることは滅多にありません。

2 　ICレコーダーなど外部の機器で録音した場合は、ここで説明した方法によらず、［Open］－［Read from file…］というメニューで、音声ファイルを読み込みます。一旦オブジェクトウィンドウに読み込んでしまえば、そこからの手順は同じです。

3 　写真画像については、PNGよりもJPEGというファイル形式（拡張子が.jpg）の方が一般には普及しているでしょう。ただしJPEGはファイルサイズを小さくするために圧縮した分のデータを切り捨ててしまうため、一旦圧縮したものは画質が劣化してしまい元には戻せません。文書に貼付けて印刷してみたら不鮮明な画像になってしまった、という事態を避けるためにはPNGあるいはBMP、EPS、TIFFなどのファイル形式を用い、ワープロの文書ファイルとは別に保存・加工した方がよいでしょう。

参考文献

Lisker, L. and Abramson, A. S. (1964) Cross-language study of voicing in initial stops: acoustical measurements, *Word*, 20, 384–422.

Shimizu, K. (1996) *A Cross-Language Study of Voicing Contrasts of Stop Consonants in Asian Languages*, Seibido Publishing.

清水克正（2011）「韓国語、タイ語および中国語の話者による日本語閉鎖子音の習得について」『名古屋学院大学論集　言語・文化編』23, 1–13.

II

初級編

02 音声分析の初歩
サウンドエディターを使う

第1章ではサウンドエディターの基本について学びました。本章ではそのサウンドエディターを使って画面上で音声の持続時間、ピッチ、フォルマント周波数などを分析する方法を学びます。また、実習として、母音のフォルマント周波数を基に母音を二次元平面上に配置する母音空間図 (vowel space) を作成します。

　画面上での音声分析は直感的で手軽にできるというメリットがある反面、再現性に欠けるというデメリットがあります。再現性を担保したより精密な音声分析は第6章で取り上げます。

1　画面上でのマニュアル測定

サウンドエディターのメニューから様々な分析が簡単に表示できます。たとえば図2-1に「雨」という単語について、スペクトログラムに重ねてピッチ曲線 (図2-1の①)、インテンシティー(②)、フォルマント周波数 (③) を表示し、さらに音声波形に重ねてパルス (④) を表示しています (①〜④がどういう分析なのかは1.3〜1.6節で説明します)。それぞれの分析結果を表示するか否かは、サウンドエディター上部の [Pitch]、[Formant]、[Intensity]、[Pulses] メニューにある [Show...] という項目の✓マークをオンあるいはオフにすることで設定できます。例えば、ピッチ曲線を表示したい場合は、[Pitch] → [Show pitch](ピッチを表示する) の✓マークをオンにします。また、[View] → [Show analyses...](分析結果を表示する) を押すと図2-2のウィンドウが現れるので、表示したい分析結果をいっぺんに選択することもできます。

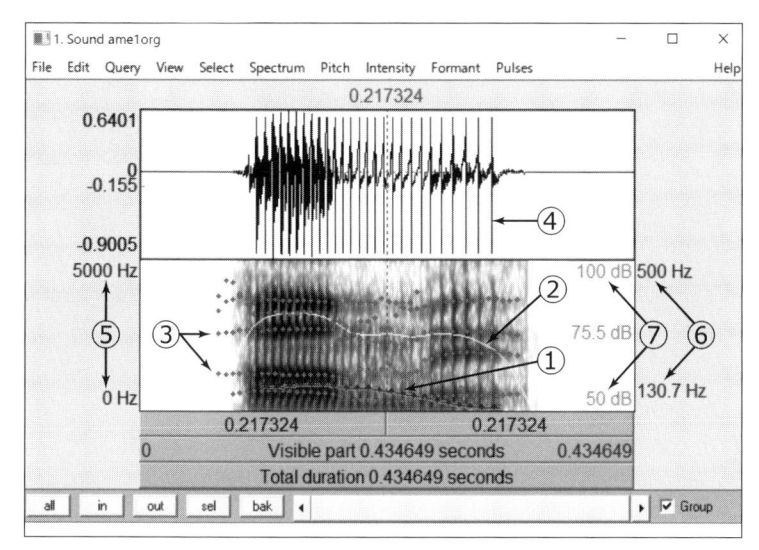

［図2-1］ サウンドエディターを使った音声分析

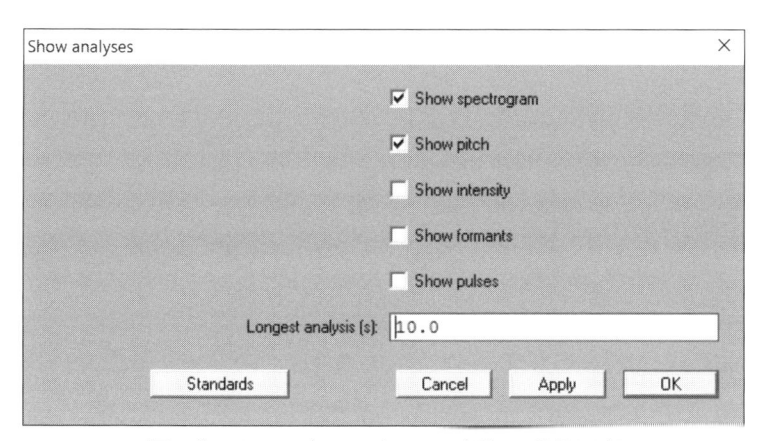

［図2-2］ サウンドエディターに表示する分析結果の種類を選択

　サウンドエディターの画面上で行える分析には次のようなものがあります。なお、ズームインまたはズームアウトして表示範囲を変えると、それに合わせてピッチ曲線やフォルマント追跡結果の数値などが微妙に変化することがあります。したがって、サウンドエディター画面上での音声分析は探索的な

分析には適していますが、本格的な分析には向いていません。本格的な音声分析は第6章で解説します。

1.1 スペクトログラム

サウンドエディターの下半分にスペクトログラムが表示されます。縦軸の範囲（周波数の下限と上限）が左端の枠外に黒色で表示されます（図2-1の⑤）。スペクトログラムを表示しない場合は、［Spectrum］→［Show spectrogram］（スペクトログラムを表示）をオフにします。

　初期状態で表示されるスペクトログラムはいわゆる広帯域スペクトログラムで、横軸（時間）の解像度が高く、縦軸（周波数）の解像度が低くなっています。通常はこのままで問題ありませんが、いわゆる狭帯域スペクトログラム（時間解像度が低く周波数解像度が高い）を表示したい場合、［Spectrum］→［Spectrogram settings...］から設定ウィンドウを開き（図2-3）、Window length をデフォルトの0.005から0.03くらいの値に変更してOKをクリックします。広帯域と狭帯域スペクトログラムについては第11章でも解説しています。

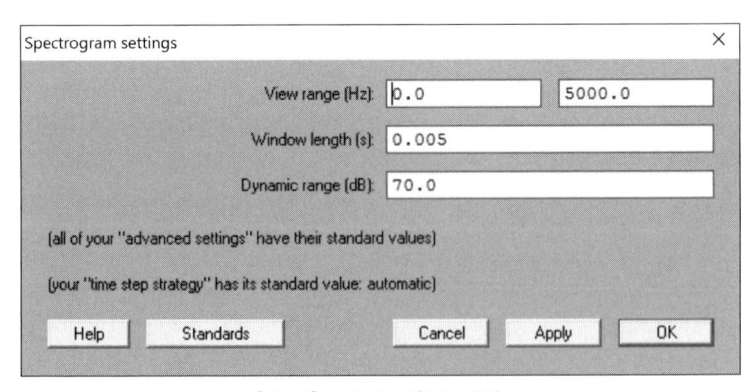

[図2-3] スペクトログラムの設定

1.2 スペクトル

任意の場所にカーソルを置いて［Spectrum］→［View spectral slice］を実行すると、図2-4のような別ウィンドウにスペクトルが表示されます。

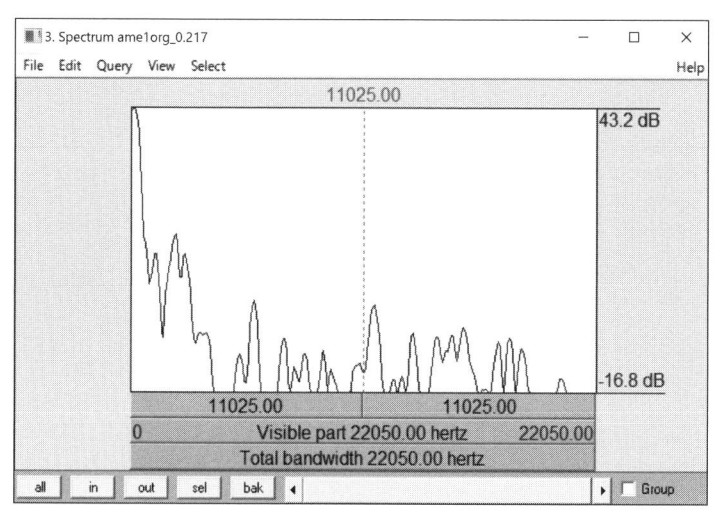

[図2-4] スペクトルの例

1.3 ピッチ

［Pitch］→ ［Show Pitch］（ピッチを表示する）をオンにすると、スペクトログラム
に重ねて青色の線でピッチ曲線が表示されます（図2-1の①）。単位はHz（ヘルツ）
で、表示されているピッチの範囲（図2-1では75〜500Hz）が右端の枠外に青色で
表示されます（図2-1の⑥）。図2-1には下限（75Hz）が表示されていませんが、図
2-5には下限（75Hz）と上限（500Hz）の両方が表示されています。

　ある特定の時刻のピッチを知りたい場合、カーソルをその位置に合わせる
と右端にその時刻のピッチが表示されます。例えば図2-1では画面中央にあ
るカーソルの時刻のピッチが130.7Hzであることが分かります（図2-1の⑥）。同
様に、ある特定の区間をカーソルで選択すると、選択した区間のピッチの平
均値が右端に表示されます。例えば図2-5では「雨」の母音/a/が選択されて
います。するとこの部分のピッチの平均値（146.5Hz）が右端に表示されます
（図2-5の①）。

　以上のように特定の時刻や区間のピッチをサウンドエディターの画面に表
示させることができますが、結果を別ウィンドウに出力させることもできま
す。サウンドエディターのメニューから［Pitch］→ ［Get pitch］（ピッチを取得
する）を選ぶと（図2-6）、ピッチの値が別ウィンドウに表示されます（図2-7）。

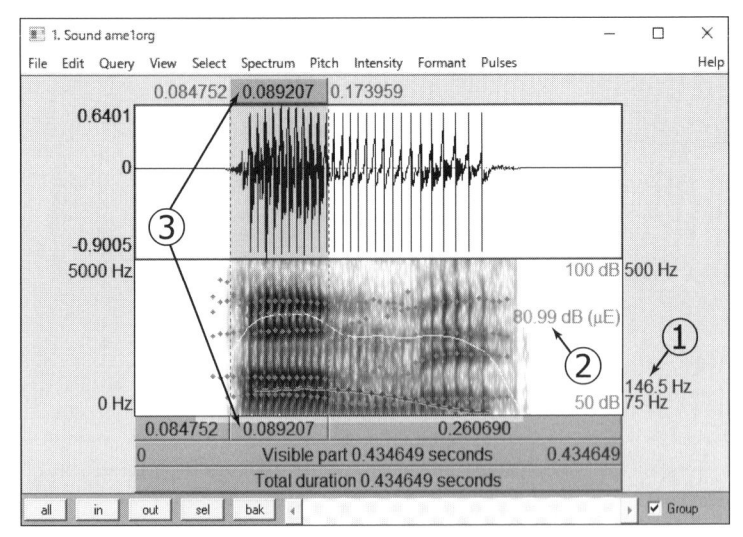

[図2-5] サウンドエディターで特定の区間を選択した状態

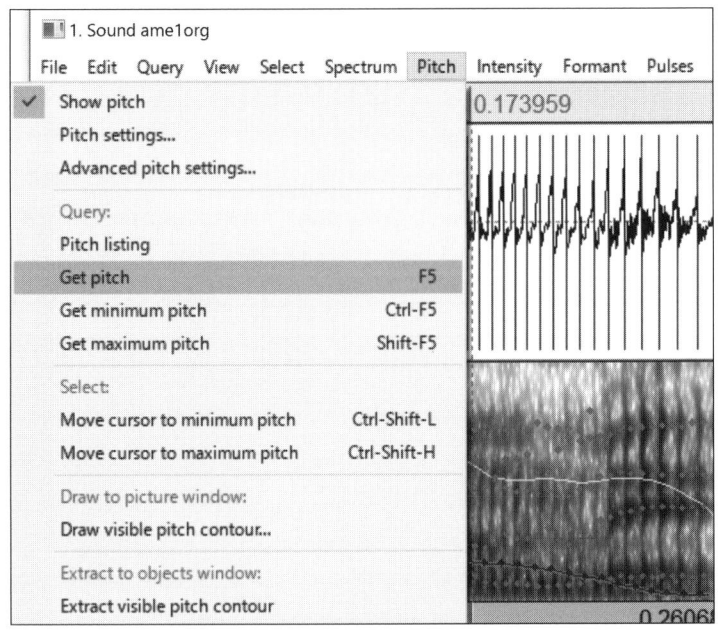

[図2-6] サウンドエディターの[Pitch]メニュー

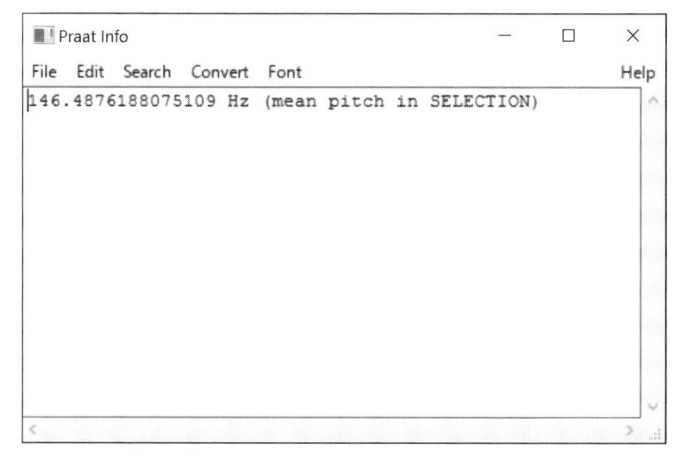

[図2-7] インフォウィンドウに表示されたピッチの平均値

このウィンドウはインフォウィンドウ（Info window）と呼ばれ、Praatで行う様々な分析の結果やスクリプト（第5、10、14章参照）の出力がインフォウィンドウに表示されるようになっています。インフォウィンドウに表示された数値などはマウスで選択してコピーできるので、他の表計算ソフトなどに結果を貼り付けるのに便利です。

　サウンドエディターの［Pitch］メニューには上述の［Get pitch］以外にも色々な分析用のコマンドがあります（図2-6）。なお、これらの分析用のコマンドを使うには［Show pitch］の✓をオンにしておくこと（つまりピッチ曲線が画面に表示された状態であること）が必要です。［Show pitch］がオフの状態でこれらのコマンドを実行しようとするとエラーが出ます。

● ［Pitch listing］（ピッチ一覧）　選択した区間でのピッチの時間的変化をインフォウィンドウに表示します。例えば図2-5のようにある区間を選択してから［Pitch listing］を実行すると、図2-8のようなインフォウィンドウが現れ、ピッチが時間とともにどのように変化していくかが表示されます。1行目の「Time_s」（時間（秒））と「F0_Hz」（基本周波数（ヘルツ））は見出しで、2行目以降は時刻とピッチの値が並んでいます。ピッチが測定できない部分はピッチの値が「--undefined--」になります。

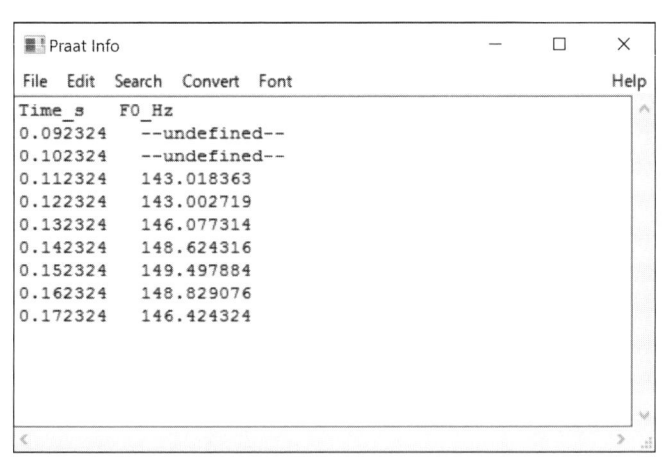

[図2-8]［Pitch listing］コマンドの出力

● ［Get minimum pitch］、［Get maximum pitch］（ピッチの最低値／最高値を取得する）
選択した区間でのピッチの最低値（minimum）あるいは最高値（maximum）をイ
ンフォウィンドウに表示します。

● ［Move cursor to minimum pitch］、［Move cursor to maximum pitch］（ピッチの最
低値／最高値にカーソルを移動する）　選択した区間におけるピッチの最低値ある
いは最高値の時刻にカーソルを移動します。インフォウィンドウは現れま
せん。例えば図2-5のように、ある区間を選択してから［Move cursor to
maximum pitch］を実行すると図2-9のようにカーソルが自動的にピッチの
最高点に移動します。このようにカーソルをピッチ曲線の最も高い位置あ
るいは低い位置に移動させる機能を使うと、第4章で扱うテキストグリッ
ドと一緒に使ったときに、ピッチの山や谷に合わせてラベルを付けて記録
を残せるようになります。

　［Pitch］→［Pitch settings...］を選んでPitch range を変更すると（図2-10）、発
話者のピッチレンジに合わせて分析範囲を調整することができます。ただし、
範囲（特に分析の下限）を変えると、ピッチ曲線の分析の精度が変化してしまう
ので、あまり頻繁に変えないほうがよいでしょう。

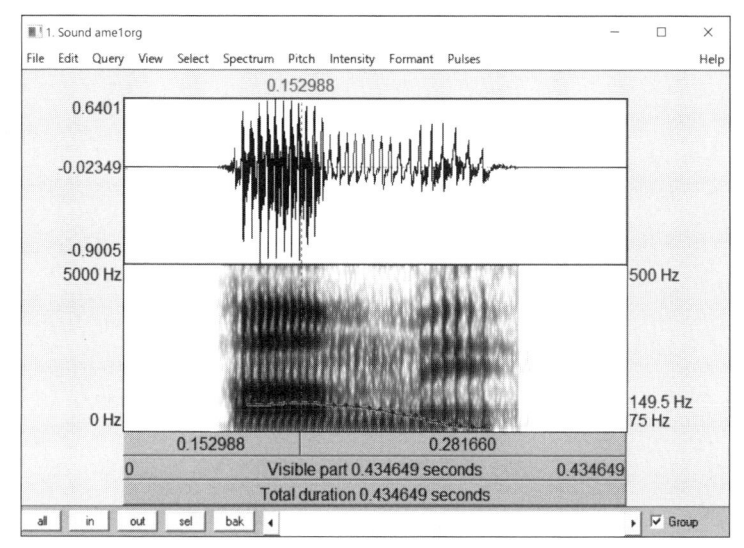

［図2-9］［Move cursor to maximum pitch］を実行した結果

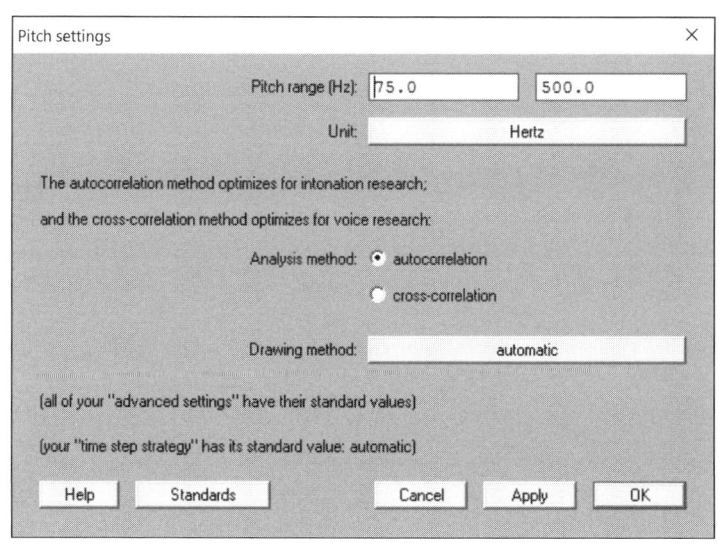

［図2-10］ピッチ分析の設定。最上部にあるPitch rangeでピッチの分析範囲を指定できます。

1.4　インテンシティー

［Intensity］→［Show intensity］(インテンシティーを表示する) をオンにすると、スペクトログラムに重ねて音の強度の時間的変化 (振幅包絡) が黄色い線で表示されます (図2-1の②)。単位はdB (デシベル) で、インテンシティーの値が右端に緑色で表示されます (図2-1の⑦)。

　ある特定の時刻あるいは区間をカーソルで選択すると、選択した区間のインテンシティーの平均値がサウンドエディターの右端に表示されます。例えば図2-5では「雨」の母音/a/ が選択されていますが、この部分のインテンシティーの平均値 (80.99dB) が右端に表示されます (図2-5の②)。

　［Intensity］メニューの下には、［Pitch］メニューと同様に、［Intensity listing］(インテンシティー一覧)、［Get intensity］(インテンシティーを取得する)、［Get minimum intensity］(インテンシティーの最低値を取得する)、［Get maximum intensity］(インテンシティーの最大値を取得する) などのコマンドが用意されているので、特定の時刻のインテンシティーの値、あるいは選択した区間のインテンシティーの時間的変化、平均値、最小値、最大値を分析してインフォウィンドウに出力することができます。

1.5　フォルマント

［Formant］→［Show formants］(フォルマントを表示する) をオンにすると、スペクトログラムに重ねてフォルマント周波数が赤い点で表示されます (図2-1の③)。初期設定では第1から第5フォルマントまで追跡します。この機能は、母音、半母音、流音などフォルマント構造を持つ音を分析するのに用いることを想定していますが、それ以外の種類の音 (破裂音、摩擦音など) についてもフォルマントの追跡結果が表示されますので、その区間がどういう音なのかを考慮しながらフォルマント追跡結果を解釈する必要があります。

　［Formant］メニューの下には、［Pitch］と［Intensity］の場合と同様に、色々な分析結果をインフォウィンドウに表示するためのコマンドがあります。例えば、［Formant］→［Formant listing］(フォルマント一覧) を選ぶと、特定の時刻あるいは選択した区間のフォルマントの時間的変化をインフォウィンドウに表示します (図2-11)。1行目の「Time_s」(時間 (秒))、「F1_Hz」(第1フォルマント (ヘルツ)) などは見出しで、2行目以降に時刻と第1～第4フォルマントの値が表示

```
Praat Info                                                    —   □   ×
File  Edit  Search  Convert  Font                                      Help
Time_s    F1_Hz      F2_Hz        F3_Hz        F4_Hz
0.089199   576.266521   1216.273568   2634.745081   3771.312172
0.095449   611.759763   1192.641524   2647.579594   3507.887597
0.101699   649.741172   1188.774390   2588.692177   3181.708595
0.107949   638.598784   1201.626772   2601.593178   3207.251321
0.114199   642.862146   1194.446040   2646.475512   3226.463398
0.120449   649.818719   1194.092199   2668.865229   3252.921245
0.126699   645.876826   1186.875026   2684.853856   3212.882495
0.132949   634.893250   1179.950646   2663.196139   3160.688842
0.139199   619.780912   1178.559945   2662.054989   3196.642397
0.145449   608.835854   1183.930547   2681.605481   3259.692237
0.151699   591.023376   1183.107098   2682.742408   3249.211794
0.157949   579.677205   1176.204324   2694.188870   3228.680582
0.164199   566.973797   1161.434920   2694.546343   3200.403994
0.170449   542.667378   1141.892265   2692.571793   2908.993743
```

［図2-11］［Formant listing]の出力

［図2-12］フォルマント設定画面

されます。

　また、［Formant］メニューには［Get first formant］(第1フォルマントを取得する)、［Get first bandwidth］(第1フォルマントの帯域幅を取得する) といったコマンドが第1から第4フォルマントの分まで並んでいて、各フォルマントの中心周波数または帯域幅 (フォルマントのエネルギーの最大値から-3dBの周波数範囲) をインフォ

ウィンドウに表示することができます。

　Praatでフォルマントを分析する時の重要な点として、発話者の性別によって設定を変更することがPraatマニュアルで推奨されています。［Formant］→［Formant settings...］(フォルマントの設定) で設定画面を選び (図2-12)、Maximum formant (フォルマントの最大値) を、成人男性は5000Hz、成人女性は5500Hz、幼児は8000Hz程度に設定するとよいとされています。

1.6　パルス

［Pulses］→［Show pulses］(パルスを表示する) をオンにすると、音声波形に重ねて声帯の開閉に伴う音声信号の基本周期ごとに青色の縦線 (パルス) を表示します (図2-1の④)。このパルスの周期の逆数 (1÷周期) が基本周波数になります。無声音や無音区間など、声帯振動に伴う周期性が認められない部分にはパルスが表示されません。

　特定の範囲を選択してから［Pulses］→［Voice report］を選ぶと、ピッチの平均値、中央値、標準偏差などの統計量や、jitter、shimmer、harmonics-to-noise ratioといった声の分析ができます。

1.7　持続時間

サウンドエディターでは音声のある範囲の持続時間を容易に測ることができます。マウスをドラッグして測りたい範囲を選択すると、選択範囲の上部と下部に持続時間 (単位は秒) が表示されます (図2-5の③)。選択範囲の始端と終端を微調整したい場合、その近くでシフトキーを押しながらクリックすると始端あるいは終端を移動できます。他にも［Select］メニューに選択範囲を操作するコマンドが揃っています。例えば、［Select earlier］(もっと前を選択する)、［Select later］(もっと後を選択する) で選択範囲を左方向あるいは右方向にずらせます。また、［Move start of selection left］、［Move start of selection right］(選択範囲の始端を左／右に移動する) で選択範囲の始端だけを、［Move end of selection left］、［Move end of selection right］(選択範囲の終端を左／右に移動する) で選択範囲の終端だけを動かすことができます。

2 音声学実習：母音空間図を描く

サウンドエディターを使った音声分析に慣れるため、以下の実習にチャレンジしてみましょう。

演習1 日本語の5つの母音からなる母音空間図を描きましょう。

この演習ではサウンドエディターを使って母音のフォルマント周波数を測定し、母音空間図を作ります。母音空間図とは、伝統的には母音を調音する際の舌の高さと前後の位置に応じて母音を二次元空間に配置した図のことで、音声学の入門書などによく載っています。ここでは、母音空間図を音響的な指標を使って作成します。すなわち、母音ごとに第1フォルマント (F1) と第2フォルマント (F2) を測り、F1-F2の平面上に母音を配置することにします。このように音響的特徴を基に作った母音空間図と、調音的特徴を基に作った母音空間図を比べると、舌の高さがF1、舌の前後の位置がF2におおよそ対応することが分かります。

①日本語の5母音を1つ1つ発音した音声を録音しましょう。

例えば「あー、いー、うー、えー、おー」のように個々の母音を1秒程度、同じ声の高さで、母音同士をつなげないで発音し、それをPraatのサウンドレコーダー (第1章参照) などで録音します。個々の母音は短いので5母音を一気に録音するとよいでしょう。

②各母音のフォルマントを追跡してみましょう。

録音した音声をサウンドエディターで開き、スペクトログラムを見て各母音のF1とF2がどこにあるか確認します。次いで［Formant］→［Show formants］でフォルマントを重ねて表示して、正確に追跡できているか確認します。先の1.5節で述べたように、話し手の性別によってMaximum formantを変更する必要があるかも知れません。

▶②解答例

図2-13に、男性話者による5つの母音とフォルマントの追跡結果を示します。

Praatによるフォルマントの追跡結果には誤りがあることがあります。例えば、母音/o/のようにF1とF2が近接しているとそこにフォルマントが1つしかないとPraatが誤って判断することがあります。その場合はMaximum formantを少し下げて再分析してみましょう。逆に、母音/i/のようにF1とF2が離れているとその間に別のフォルマントがあると誤って判断することもあります。その場合はMaximum formantを少し上げてみましょう。

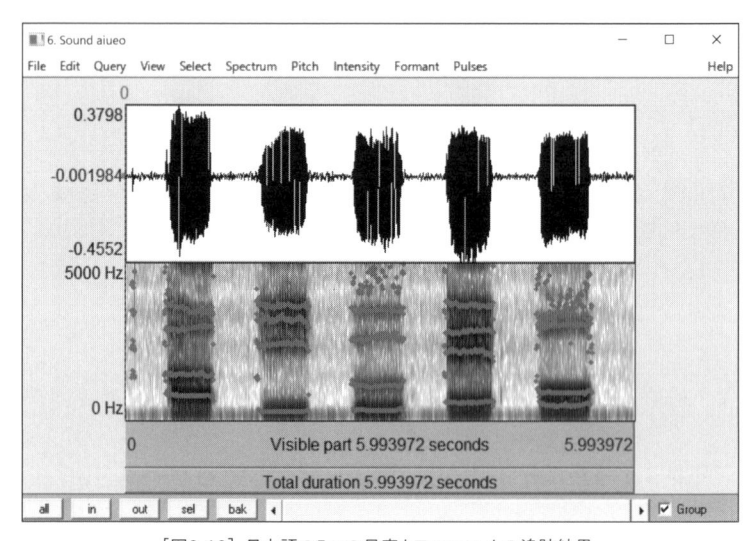

［図2-13］日本語の5つの母音とフォルマントの追跡結果

③各母音のフォルマント周波数を測定し、F1-F2平面上に配置しましょう。

各母音のフォルマントを安定して追跡していると思われる範囲をカーソルで選択して、［Formant］メニューから［Get first formant］と［Get second formant］を選んでF1とF2の値をインフォウィンドウに表示します。表示された数値をマウスで選んでコピーして、エクセルなどの集計ソフトに貼り付けます。5つの母音のF1とF2の値を全て貼り付けたら、例えばF1を

横軸、F2を縦軸にとったF1-F2平面図のグラフ（散布図）を作ってみます。

▶③解答例
図2-13の5母音を使ってF1-F2平面図（散布図の5点を直線でつないだもの）を作成した結果を図2-14に示します。おおよそこのようなグラフになったでしょうか？

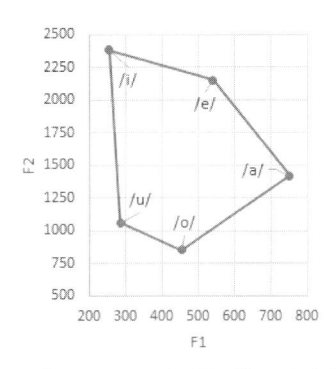

［図2-14］ 図2-13の5母音を基に描いた母音空間図

03 音声の編集
かんたんな加工・抽出・調整

第3章では、音声の加工・抽出・調整の手法について学びます。音声のチャンネル数やサンプリング周波数の変換、音量の調整など音声ファイル全体を対象とする作業と、音声ファイル内の不要な部分を除去または、必要な部分を抽出する作業などを行います。これらの内容は、本格的な音声の分析の下準備であり、知覚実験の刺激音の作成にも必要となる作業です。なお、ピッチの変更や持続時間の伸縮など様々な音響パラメーターを操作する音声合成については、第8章、12章で扱います。

1 音声の変換

第1章で学んだように Praat ではチャンネル数とサンプリング周波数を設定して録音することができますが、既に手元にある音声ファイルのこれらの設定を変換することもできます。

1.1 チャンネルの変換と結合[1]

ある Sound オブジェクト (音声ファイル) がモノラル (mono) なのかステレオ (stereo) なのかは、オブジェクトウィンドウで任意の Sound オブジェクトを選択し、[View & Edit] をするとその外観から確認できます。図3-1 (左図) のように波形が1段になっている場合はチャンネル数が1つのモノラルの音声で、図3-1 (右図) のように波形が2段になっているのがチャンネル数が2つのステレオの音声です。ステレオの音声をヘッドフォンなどで再生した場合、Ch 1 の波形 (上側) の音声が左側から、Ch 2 の波形 (下側) の音声が右側から聞こえ

てきます。初期状態では、いずれかのチャンネルの音声のみを単独で再生することは出来ませんが、サウンドエディター上部メニューの［View］→［Mute channels...］でミュート（消音）するチャンネルを指定することも出来ます。

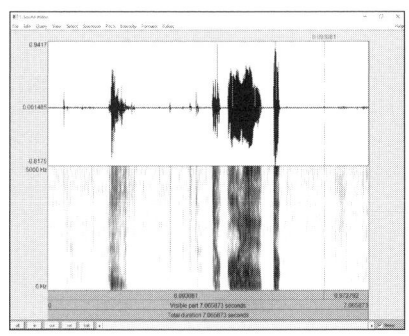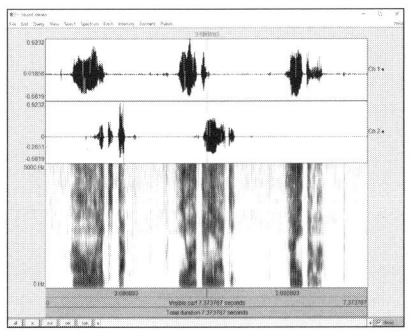

［図3-1］モノラルの音声（左）、ステレオの音声（右）

　Praatでは、IC レコーダーで収録した音声や、他のソフトウェアで収録した音声も Sound オブジェクトとして読み込み、使用できます。音声収録時に2つのマイクロフォンを用意して、それぞれ異なる発話を収録した場合、図3-1（右図）のような各チャンネルの波形が異なるステレオ音声になることでしょう。しかし、使用機器の設定次第で（意図せずに）ステレオ音声が収録され、2つのチャンネルの波形間に大きな違いが認められない場合があります。第4章の実習での音声の分節化（segmentation）のような作業では、音声波形も参考にしながら分析を進めますが、似て非なる2つの波形があるとどちらの波形をもとに作業を進めるか迷ってしまうこともあるでしょう。分析対象の音声が特にステレオである必要がない場合には、ステレオ音声をモノラル音声に変換した後に分析作業をすることがあります。ここでは、異なる2つのチャンネルの音声（ステレオ音声）を1つのチャンネル（モノラル音声）に統合する方法を紹介します。

　オブジェクトウィンドウで Sound オブジェクトを選択すると右側にいくつかのボタンが表示されます。その状態で［Convert –］（変換）ボタンをクリックすると図 3-2のようなサブメニューが表示されます。このサブメニューから

［Convert to mono］(モノラルに変換) を選択すると、図3-2 (右図) のように変換元のSoundオブジェクトの名前に「_mono」が付加された新しいSoundオブジェクトが生成されます。

音声をステレオに変換する場合は、［Convert –］のサブメニューから［Convert to stereo］(ステレオに変換) を実行します。この場合は「_stereo」が付加された新しいSoundオブジェクトが生成されます。

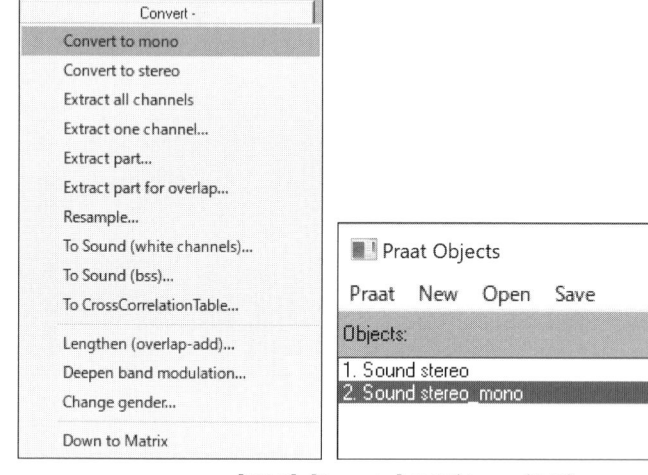

［図3-2］［Convert –］のサブメニュー(左図)、
［Convert to mono］を実行した後のオブジェクトウィンドウ(右図)

［Convert to stereo］でのステレオ音声への変換は、モノラルの音声を単純にコピーしてステレオ化しますが、2つの異なる音声を1つのステレオ音声へと変換する場合は別の操作が必要です。

この作業では、異なる2つのSoundオブジェクトを1つのSoundオブジェクトに統合します。まず、オブジェクトウィンドウ内に2つのSoundオブジェクトを読み込んでおきましょう。そして、図3-3 (左図) のように統合するSoundオブジェクト (図では、「left」という名前のオブジェクトと「right」という名前のオブジェクトを読み込んでいます) を選択した状態で、右側に表示される ［Combine

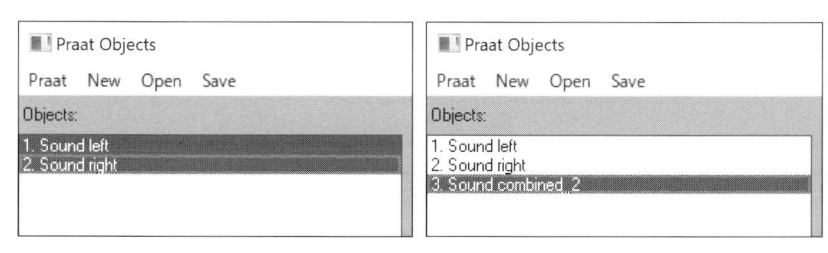

[図3-3]［Combine to Stereo]の流れ

–]（結合）、そのサブメニューから ［Combine to Stereo]（ステレオに結合）を選択すると図3-3（右図）のように「combined_2」という新しいSoundオブジェクトが生成されます。オブジェクトウィンドウで選択されているSoundオブジェクトの上にあるオブジェクト（IDが小さい方）が結合後に「Ch 1」になり、下にあるオブジェクト（IDが大きい方）が「Ch 2」になります。

　結合後のSoundオブジェクトを［View & Edit］すると、図3-1（右図）のように波形は2段になりますが、スペクトログラムは2段にはなりません。そのため、Ch 1とCh 2の2つのチャンネルで同時刻に音声信号がある場合、各チャンネルの音響的特徴をスペクトログラムなどから読み取るのは困難になってしまいます。フォルマント周波数やピッチの計測など音響的特徴の分析が目的の場合には、このような結合はしない方が良いでしょう。

　次にステレオ音声に含まれているチャンネルを分離して別々のSoundオブジェクトに分離する作業を行います。この操作では、ステレオ音声に含まれている2つのチャンネルを分離してそれぞれ独立したSoundオブジェクトとして生成します。

　オブジェクトウィンドウで分離するSoundオブジェクトを選択し、右側の［Convert –]、サブメニューから［Extract all channels]（全てのチャンネルを抽出する）を選択すると新しいSoundオブジェクトが生成されます。図3-4は、stereoという名前のSoundオブジェクトに［Extract all channels］を実行した結果です。この画面のように元のSoundオブジェクトの名前に「_ch1」、「_ch2」という名前が付加された新しいオブジェクトが生成されます。「_ch1」は元の音声のCh 1を抽出したオブジェクト、「_ch2」はCh 2を抽出したオブジェクトです。

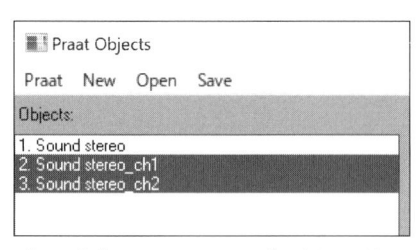

[図3-4]［Extract all channels]を実行した結果

　[Extract all channels] では元の音声に含まれている全てのチャンネルが分離・抽出されそれぞれ別の独立したSoundオブジェクトになりますが、[Convert –] のサブメニューから [Extract one channel...]（1つのチャンネルを抽出する）を実行すると、全てのチャンネルではなく、1つのチャンネルだけを選択して抽出することができます。

　このような方法でステレオの音声から抽出することにより、2名の話者による対話音声を話者別の2つのSoundオブジェクトに分離することもできます。ただし、それが可能なのは収録時に2人の話者が別々のマイクを使用している場合です。2人の話者の発話を1つのマイクで録音した音声に同様の作業を行っても思うような結果は得られないことでしょう。[Extract] では、音声信号から話者の推定をして分離しているのではなく、単純にSoundオブジェクトに含まれているチャンネルを分離して抽出しているからです。

1.2　再サンプリング

Praatで異なる複数の音声を連結する場合（2.3節）、音声間（soundオブジェクト間）のサンプリング周波数を統一する必要があります。異なるサンプリング周波数で収録された音声を扱うために、再サンプリング（サンプリング周波数の変換）を行う場合があるでしょう。

　まずは、Praat音声のサンプリング周波数を確認してみましょう。Soundオブジェクトを1つだけ選択した状態で、オブジェクトウィンドウの下部にある [Info] ボタンをクリックします。するとインフォウィンドウに次のBox3-1のようなテキストが表示されます。この中の「Sampling frequency:」の右に記されている数字（この例の場合44100Hz）がそのSoundオブジェクトのサン

```
Time sampling:
    Number of samples: 28096
    Sampling period: 2.2675736961451248e-05 seconds
    Sampling frequency: 44100 Hz
    First sample centred at: 1.1337868480725624e-05 seconds
```

[Box3-1]　[Info]クリック後に表示されるテキストの一部の例

プリング周波数です。

　では、音声を再サンプリングしてサンプリング周波数を変更しましょう。オブジェクトウィンドウで Sound オブジェクトを選択した状態で右側に出てくるボタンから［Convert −］、そのサブメニューから［Resample...］を選択します。すると、「Sound: Resample」という名前のウィンドウが表示されます。その中の「New sampling frequency (Hz)」に新しいサンプリング周波数を入力し、［OK］ボタンをクリックして実行します。オブジェクトウィンドウ内に、元の Sound オブジェクトの名前に「_［新しいサンプリング周波数］」が付加されたオブジェクトが生成されます (新しいサンプリング周波数が48000Hzの場合、「_48000」が付加されます)。

　［Resample...］で行っているのは、再サンプリングでありこの設定値を高い周波数にしたからといってその音声が高音質に変換されるわけではありません。例えば、サンプリング周波数8000Hzで収録した音声を44100Hzに［Resample...］しても作業後の音声はCD並の音質になってはくれません。音質を求めるのであればもとの音声 (音声の収録時) のサンプリング周波数を高く設定する必要があります。

2　音声の基礎的編集

本節では、本格的な音響分析の前の下準備の作業、および知覚実験に用いる刺激音の作成のための作業を行います。Praat を使用することで一続きの音声ファイルから分析に不要な部分の除去や必要な部分の抽出、複数の音声ファイルを1つの音声ファイルに連結することが出来ます。

2.1 サウンドエディター上での編集

2.1.1 ノイズの除去

図3-5は、「雨」と「飴」の一続きの発話を録音した音声です。「雨」と「飴」の間に目立つノイズが見えます。このノイズの部分を除去する作業をしましょう。

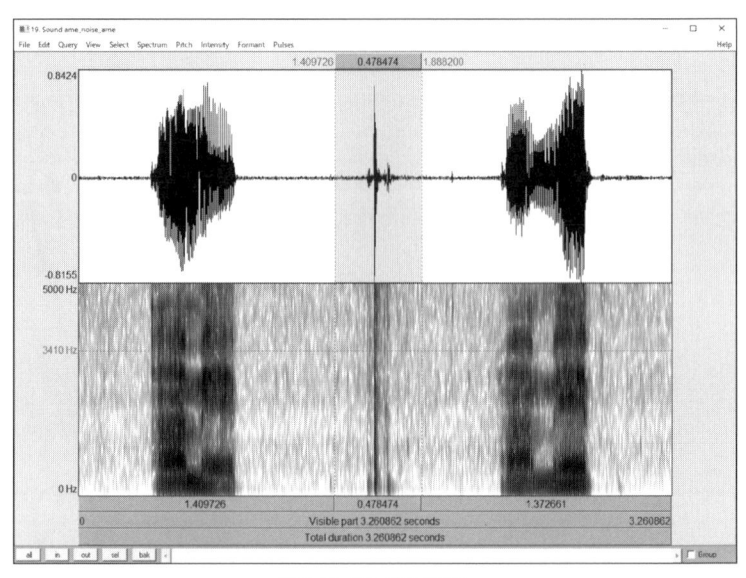

[図3-5]「雨、飴」の発話

　まずは、図3-5のように除去する区間を選択します。その状態でサウンドエディターの上部にあるメニューから［Edit］→［Cut］を実行すると、エディター上で選択された区間が除去されます（図3-6左図）。同様に、［Edit］→［Set selection to zero］を実行すると、図3-6（右図）のようになります。

　［Set selection to zero］を実行した場合、選択された区間は無音になります。ただし図3-6（右図）のスペクトログラムに見られるように、ある区間がその前後とは著しく異なる特性を持ってしまうことがあります。このような場合は、ノイズは除去できたものの、新たに発生した無音の区間が不自然に聴こえるようになってしまうかもしれません。

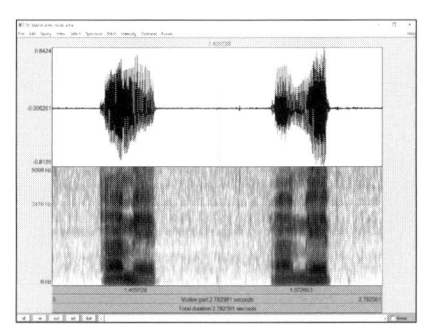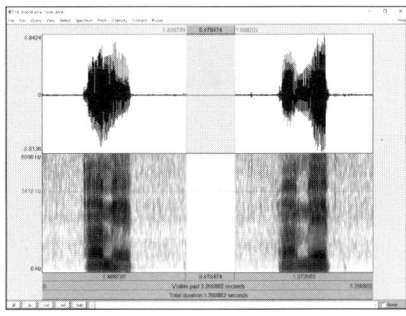

[図3-6] ノイズ区間を [Cut] （左図）、[Set selection to zero] （右図）

2.1.2　音声の抽出

サウンドエディターで任意の区間を選択し、その区間を別の Sound オブジェクトとして抽出することができます。ここでは先の例の「雨、飴」の一続きの発話から、独立した「雨」、「飴」の単語発話の音声を作成します。

　波形とスペクトログラムを参考に、図3-7 （左図）のように抽出対象の単語の区間を選択しましょう。その状態で、サウンドエディター上部のメニューの［File］を選択すると、サブメニューが表示されます。そこから、［Extract selected sound （time from 0）］を選択すると、選択された区間のみを抽出した「Sound untitled」というオブジェクトがオブジェクトウィンドウで新たに生成されます。他に［File］→［Save selected sound as WAV file...］を実行すると、選択された区間の音声を直接 wav 形式で保存することもできます。

　ある音声から一部区間を抽出し独立したファイルにすると、その独立したファイルから抽出元の音声の削ってしまった区間を復元することはできません。単語や文などの抽出対象の区間の始端と終端をギリギリに設定すると、意図せず発話区間を削り取ってしまう恐れもあります。音声を抽出する時は、図3-7 （左図）のように区間に少し余裕を持たせると良いでしょう。

　音声の利用目的によっては、抽出対象の区間以外を完全に削りたいことがあるかもしれません。図3-7 （右図）のようにその区間の始端と終端の波形がゼロ（水平線）を通過する時刻（zero crossing）に設定すると、その音声の再生の開始・終了時の「プツッ」というノイズを低減させることができます。手作業

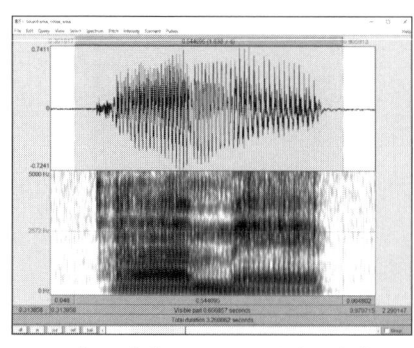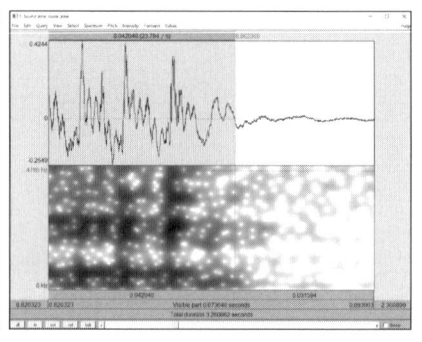

［図3-7］「雨」の区間を選択(左図)、「雨」の終端をzero crossingに合わせた状態(右図)

で、波形と水平線が交差する時刻を選択することもできますが、サウンドエディター上部メニューの［Select］→［Move start of selection to nearest zero crossing］(選択されている区間の始端を最も近いzero crossingに移動させる) や［Move end of selection to nearest zero crossing］(選択されている区間の終端を最も近いzero crossingに移動させる) を利用すると精度の高い作業が可能です。

2.2　オブジェクトウィンドウを使用した音声の編集

2.2.1　音声の連結(Concatenate)

［Concatenate］コマンドを実行することにより複数のSoundオブジェクトを連結し1つのオブジェクトにすることができます。

　図3-8(左図) のようにオブジェクトウィンドウで連結対象のSoundオブジェクトを選択します。その状態で右側メニューの［Combine –］→［Concatenate］を実行すると、オブジェクトウィンドウに新しく「chain」という名前のSoundオブジェクトが生成されます (図3-8右図)。このオブジェクトが「ame_rain」と「ame_candy」という名前のオブジェクトを連結した一続きの音声です。連結される順番は、オブジェクトウィンドウで選択されているオブジェクトの上からの順になります。

　［Concatenate］で連結する全てのSoundオブジェクトのチャンネル数とサンプリング周波数は同一である必要があります。チャンネル数が統一されていない場合は下記のBox3-2、サンプリング周波数が統一されていない場合はBox3-3のようなエラーが表示されます。

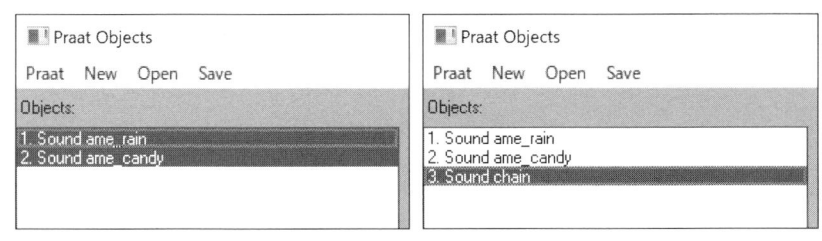

［図3-8］［Concatenate］の流れ

```
To concatenate sounds, their numbers of channels (mono, ste-
reo) must be equal
```

［Box3-2］チャンネル数に関するエラーの一部

```
To concatenate sounds, their sampling frequencies must be equal
```

［Box3-3］サンプリング周波数に関するエラーの一部

このようなエラーが表示された場合は、第1節で行った方法で連結対象の全オブジェクトのチャンネル数、サンプリング周波数を揃えてから作業をやり直しましょう。

　2つのSoundオブジェクトに対して［Concatenate］を実行すると1つ目の音声の直後に2つ目の音声が連結されます。2つの音声の間に無音区間（ポーズ）を入れる場合は、無音の音声を合成し（【付録】）、「1つ目の音声」、「合成した無音の音声」、「2つ目の音声」の順で3つのSoundオブジェクトを選択した状態で［Concatenate］を実行しましょう。

3　音声の音量の調整

本節では、Praatで可能な、2つの方法で音量の増幅（減衰）を行います。これから行う作業では、オブジェクトに上書きされる形で操作が実行されます（一度、上書されてしまうと元に戻すことは出来ません）。必要に応じて、作業を行う前に、オブジェクトの保存や［Copy...］（オブジェクトウィンドウの下部にあります）を行っておきましょう。

3.1 最大振幅を変更 [Scale peak...]

サウンドエディターでは、画面に表示されている範囲の波形の振幅を図3-9の〇の部分の数字で確認することができます。

　2つの数字の絶対値の大きい方が、表示されている波形の最大振幅です。では、音声の最大振幅を変更しましょう。オブジェクトウィンドウで、Soundオブジェクトを選択し、右側の［Modify -］(修正) から、［Scale peak...］を実行すると「Sound: Scale peak」という名前のウィンドウが表示されます。「New absolute peak:」に新しい最大振幅の絶対値を入力します。その値が、元の音声の最大振幅より大きければ音量は増幅され、小さければ音量は減衰されることになります。まずは、0.99に設定して実行し、そのSoundオブジェクトを［View & Edit］してみましょう。図3-9で確認した振幅の数値の最大値が0.99または最小値が−0.99になっているはずです。

　「New absolute peak:」の初期値の0.99は音声がクリッピングしないぎりぎ

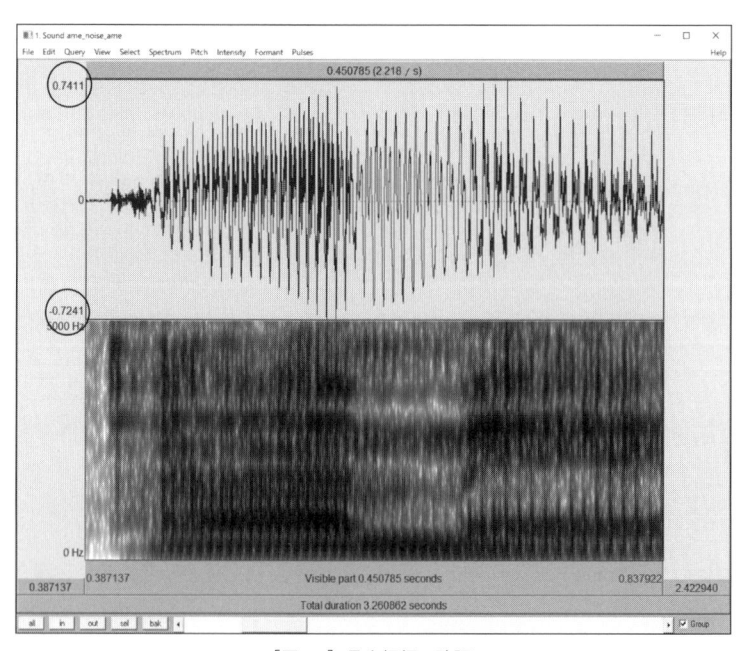

［図3-9］最大振幅の確認

りの最大振幅です。最大振幅が±1を超えるとクリッピング（【付録】）が発生しますので増幅する時には1未満に設定すると良いでしょう。

3.2 平均dBを変更［Scale intensity...］

［Scale intensity...］ではSoundオブジェクトの平均dB値を変更することができます。オブジェクトウィンドウでSoundオブジェクトを選択し、［Modify –］→［Scale intensity...］を実行すると「Sound: Scale intensity」というウィンドウが表示されます。

　「New average intensity (dB SPL)」に音量変更後のdB(音圧レベル) の平均値を入力し［OK］をクリックして実行します。表3-1にdBの値と例を示します。あまりに大きな値を指定すると、驚くほど大きな音になりますし、使用機器の故障の原因となり得ますので設定値に注意しましょう。

［表3-1］dB値と例
（Raphael et al. (2008)より引用）

dB値	例
0	可聴域値
30	1m離れたささやき声
60	話し声
75	1m離れた叫び声
100	地下鉄の音
120	ジェット機の騒音
130	痛みの感覚

　［Scale intensity...］では、コマンド実行後の波形の最大振幅の値を考慮しません。そのため、設定値を大きな値にして実行すると、作業後の音声にクリッピングが発生してしまうことがあります。［Scale intensity...］を実行した後は、作業後のオブジェクトの最大振幅を参照し、クリッピングを起こしていないか確認しましょう。

3.3　音量の正規化(標準化)

「雨」と「飴」はアクセント型のみが異なる単語対です。これらの音声を刺激として使用し弁別実験を行う場合、ピッチ (F0) 以外の音響的特徴は可能な限り揃えることが求められるでしょう。音声の大きさを揃える音量の正規化 (標準化) がその１つです。

　実際の研究では、音量の正規化には最大振幅を揃える方法 ([Scale peak...])、音声の平均dB値を揃える方法 ([Scale intensity...]) の両方の方法が用いられているようです。いずれの方法を使う場合でも、個々の音声によって設定値を変更するのではなく、一貫して同じ設定値を指定することが重要です。

　また、音量の増幅を行うと増幅前に気づかなかったノイズが感じられるようになることがあります。音量の増幅が、言語音の部分のみに対してされるのではなくバックグラウンドノイズを含めたファイル全体に対して行われるためです。増幅前の音声の録音レベルが低い場合に起きやすい現象ですので、ノイズが気になる場合は、収録時の音量レベルに注意しましょう。

4　音声学実習：音声の編集

本章では、音声の変換や編集を行いました。本節では、実際にいくつかの作業の演習を行って、作業内容の復習をしましょう。

演習1　一続きの「雨、飴」の発音をサンプリング周波数を44100Hzに設定して録音しましょう。

演習2　1.2の［Resample...］を行いましょう。20000、10000、8000、5000...と少しずつ再サンプリングの周波数を低く設定して音質がどのように変化していくのか確認してみましょう。

演習3　3.2の［Scale intensity...］を行いましょう。表3-1を参考に設定値を変更し、音量の変化を確認してみましょう。大きな値にする時には、最初から極端な値にせず、少しずつ大きくしましょう。

演習4　2.2の音声の抽出をしましょう。演習1で収録した音声から「雨」と「飴」を抽出し、別々の音声ファイルにしましょう。

注

1　本章では、モノラル（mono:1 チャンネル）とステレオ（stereo:2 チャンネル）として説明を進め
　　ます。Praat では 3 チャンネル以上の音声をステレオ音声として扱うことができます。3 チャンネ
　　ル以上の音声を扱った場合、操作した結果の数字や生成されるオブジェクト数などが図の画面や
　　説明とは異なることがあります（音声に含まれているチャンネル数に応じて変化します）。

参考文献

Raphael, L. J., Borden, G. J., & Harris, K. S 著、廣瀬肇訳（2008）『新 ことばの科学入門　第 2 版』医学
　　書院

04 テキストグリッドの利用
音声に情報を書き込む

Praat を実際に使うにあたって、最も時間をかけて向き合うことになるのがテキストグリッド (Text grid) です。これは音声を分析して分節 (segment) やそれにまつわる様々な情報を書き込むための場所であり、後にスクリプト (5、10、14章) によってコンピューターに色々な処理をさせるためにも重要です。テキストグリッドには必要に応じて複数の枠を設定することができます。1つ1つの枠を層 (Tier) と呼び、その中で特定の時刻に入れるマーカーを境界 (Boundary) と呼びます。また、境界の間に情報を書き込むタイプの層をインターバル層 (Interval tier)、境界の位置に情報を書き込むタイプの層をポイント層 (Point tier) と呼びます。この章ではテキストグリッドの基本的な使い方を説明します。

1 テキストグリッドの準備

音声ファイルをオブジェクトウィンドウに読み込んだ状態で図4-1のように [Annotate] - [To TextGrid] というボタンを押すと新たな設定ウィンドウ (図4-2) が開きます。

「All tier names (全ての層の名前)」という欄には、情報を書き込むために作成する層の名前を入れます。多くの場合、単語、分節、アクセント、メモなどをそれぞれ別々の層に記述した方が便利なので、スペースで区切って複数の名前を入力します。ここではあらかじめ入っている「Mary John Bell」を消して「Word Segment Tone Note」の4つを入れてみます。

次の「Which of these are point tiers? (どの層をポイント層にするか)」という欄には、先に入力した枠の名前の内、ポイント層としたいものの名前を指定しま

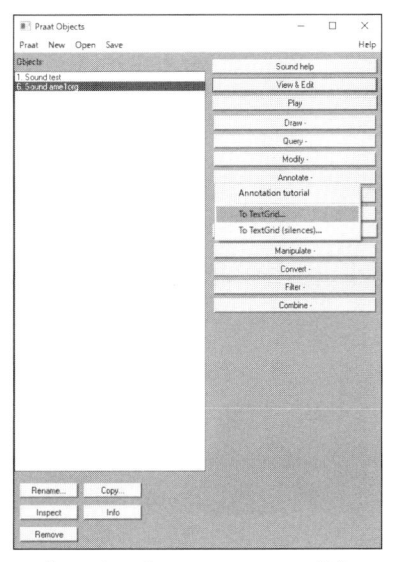

［図4-1］ オブジェクトウィンドウでの操作

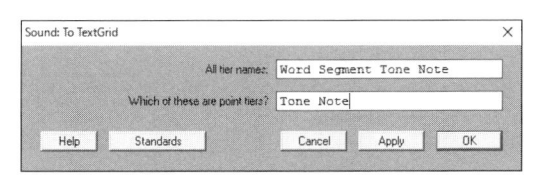

［図4-2］ テキストグリッド設定ウィンドウ

す。ここでは、ToneとNoteの2つをポイント層とします。スペースで区切っ
て入力したら［OK］をクリックしてオブジェクトウィンドウに戻ります。

2　テキストグリッドへの入力

SoundとTextGridという2つのオブジェクトを同時に選択（シフトを押しながらも
う1つをクリックするか、マウスポインターをドラッグ）してから、［View & Edit］ボタン
を押すと図4-3のように4層のテキストグリッドが波形・スペクトログラムと
共にサウンドエディターウィンドウに表示されます。

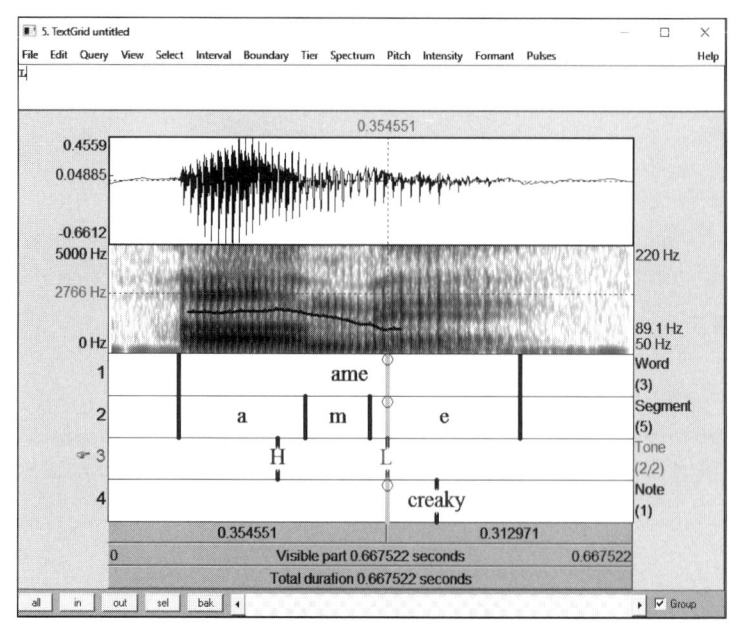

[図4-3] テキストグリッドへの入力

　波形やスペクトログラムの任意の場所をクリックすると、テキストグリッドの全ての層の中に小さな青丸が現れ、それをクリックするとその位置にマーカー線が入ります。

　ここでは、Word層には"ame"、Segment層には"a"、"m"、"e"と入力した後、Tone層に"L"を入れたところを図にしています。なお、間違って入れてしまったマーカー線は、そのままドラッグして移動することもできますし、[Boundary]→[Remove]メニューによって削除することもできます。

　テキストグリッドを含むサウンドエディターでは第1章で見てきたものに比べてメニュー項目が増え、[Interval]、[Boundary]、[Tier]などが追加されています。これらのメニューによって新たな層・境界の変更・追加や削除などができます。

　Tone層、Note層はポイント層と設定したので、図4-3のようにマーカー線の上にラベルが表示されます。Tone層の"H"は単語中のピッチの最高点に

入れています。このマーカー線は、カーソルをドラッグして単語全体を選択した後、［Pitch］→［Move cursor to maximum］メニューによって、場所を決めています。同様にして最低点にはLのラベルをつけています。

　Note層は、注意すべき点、判断に迷ったときなどに使います。この例では"creaky"（きしみ声＝声帯振動が不規則になった状態）と入れています。きしみ声ではピッチの計測が不正確になることが多いため、後の分析において注意を喚起するという意図です。コメントを日本語でもっと詳しく書く事も可能ですが、後のスクリプト処理を便利に行うためには、Note層に書く言葉をあらかじめ決めておいた方がよいでしょう。例えば話者がつっかえたり言い間違えてしまった箇所については"error"、声がかすれるなど発声が通常でない場合は"irregular"として、それらをスクリプト処理によって後に一覧表として取り出し、分析からはずすかどうか検討する、という具合です。

3　テキストグリッドの保存

テキストグリッドでの作業は、デフォルトでは「オブジェクト名.TextGrid」というファイルとして保存されます。オブジェクトウィンドウに戻って、［Save］→［Save as text file…］というメニューをたどってもかまいませんが、サウンドエディターのウィンドウで［File］→［Save TextGrid as text file］というメニューからも保存できます。保存しないまま作業を続けていて、何らかのアクシデントでPraatを終了してしまうと、長い時間をかけた作業が失われてしまいます。なるべく頻繁に、できれば1トークンのラベルをつける毎に保存するよう心がけましょう。

　また、テキストグリッドとペアで分析している音声ファイルについては、一旦テキストグリッドでの作業を始めたら決して編集してはいけません。テキストグリッドにおける情報の一番の要は境界の時刻とその境界に付けたラベルです。もし音声ファイルの方を別途編集して時間情報が元とは異なるものになってしまうと、テキストグリッドはもはや意味をなさないことになってしまいます。例えば、単語リストを読み上げる課題の録音において、最初の部分に、実験者からの指示や、咳払い、マイクに触るノイズ音などが入っていたら、それらをカットしたくなるでしょう。その場合はテキストグリッ

ドを準備するより前に、音声ファイルだけを開いて編集を済ませておきましょう。

4　音声学実習：子音の分節化

本章の実習では、基本的な子音の分節化 (segmentation) を行います。破裂音、摩擦音、鼻音、接近音を含む日本語単語を録音し、テキストグリッドを用いてそれぞれの分節 (segment) の境界にマーカー線を入れていきます。もちろん日本語にはもっと多様な種類の音声があり、それぞれの特性をよく理解しないと、正しい分節化を行うことは困難です。紙面の都合もあるので、この実習では必要最小限の手がかりを紹介するにとどめますが、単音の特性と分節化についての詳しい説明は藤本ら (2006) や Durand et al. (2014) を参考にしてください。

演習1　破裂音、摩擦音、鼻音、わたり音の分節化を行いましょう。

①上記の単音を全て含む単語セットを考えましょう。

▶①解答例
「金沢、長崎、前橋、橋谷、ポツダム、藤山、市原」の7単語。

▶①解説
何を素材とするかを考えるのは、実験の目的を明確化することにつながります。解答案では実在の地名を用い、子音前後の環境については全ての組み合わせを用意することはしていません。まずは基本的な分節化の実習を、大規模になりすぎない範囲で行うことを目的としています。したがって、3種類以上の子音が適宜入っている単語を少数用意しました。「金沢 k-n-z-w」、「長崎 n-g-s-k「前橋 m-b-ʃ」、「橋谷 h-ʃ-t-n」「ポツダム p-ts-d-m」「藤山 ɸ-ʒ-j-m」「市原 tʃ-h-r」によって破裂音 [p,b,t,d,k,g]、摩擦音 [s,z,ʃ,ʒ,ɸ,h]、破擦音 [ts, tʃ]、鼻音 [m,n]、接近音 [j,w] が得られ、日本語の子音をほぼカバーしています。

②自分自身で①の単語セットを発話・録音してみましょう。

▶②解説

発話者の数や属性も実験の目的と関係します。「共通語の子音の特徴を総合的に捉えたい」というような大きな目標を掲げるならば、発話者の出身地、年齢層、性別、外国語学習歴、海外滞在経験などを全て統制するべきでしょう。出身地は首都圏に限り、年齢層は20歳台から10歳刻みで各層から男女数人ずつ、外国語学習歴は英語を10年以下、その他の言語を2年以下、海外滞在は短期の旅行のみ、という具合です。もちろん、これでは本書の想定を大きく超えるようなプロジェクトになってしまいます。実際には、自分自身の発音を分析してみるか、身近で協力してくれる方々の条件に合わせて、「長期の海外滞在経験のない関東出身の日本人大学生」などとするのが妥当でしょう。

③各単語と、含まれる単音を全て分節化するテキストグリッドを準備し、分節化を行いましょう。

▶③解答例

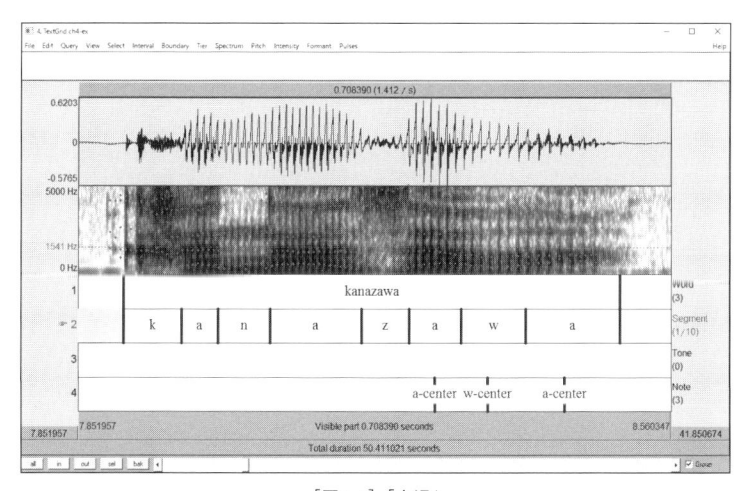

[図4-4]「金沢」

▶③解説

　分節化の作業において、無声子音と母音の境界は声帯振動の端を見極めることで、それほど悩まずに決められます。「金沢」の例では［k］と［a］の境目が該当します。スペクトログラムの上では縦線の規則的な繰り返しの始まり、波形でも規則的なパターンの繰り返しが始まるところに狙いをつけてクリックし、カーソルを置きます。続いてサウンドエディターのメニューから［Select］－［Move cursor to nearest zero crossing］（カーソルを最も近いゼロクロスへ移動）を選びます。ゼロクロスとは、波形ウィンドウのちょうど真ん中を水平方向に走る振幅「ゼロ」の線と音声信号が「クロス」する点という意味です。そしてカーソル位置で「Segment」層の青丸をクリックしてマーカーを入れます。

　有声子音と母音の境界では、声帯振動は継続しているので、あまりよい手がかりになりません。そのため、気息・摩擦ノイズの状態や、鼻音の場合はスペクトログラム上の高域のエネルギーの減少を手がかりにします．「金沢」の例では、［a］－［n］－［a］の［n］がスペクトログラム上で白く抜けたようになっているのが分かりやすいでしょう。

　もっとも厄介なのが［w］や［j］などの接近音です。「金沢」の最後の［a］－［w］－［a］には、多少の濃淡の差はあるもののスペクトログラム上に明確な切れ目を発見することはできそうにありません。この場合、藤本ら（2006）では以下のように述べています。

「定常的なスペクトル区間をもたないことが接近音の特徴である。①先行母音のフォルマントの定常部終端ないし典型部（フォルマントがピークをなす時刻）、②接近音区間の中心部（フォルマントが ピークをなす時刻）、③後続母音の定常部始端ないし典型部を決定し、②から③へのフォルマント遷移区間の中央にラベル「y」、「w」を付与する。また、先行母音の終端は ① から②への遷移部の中央とする。」(p.327)

　図4-4では、この考えに従い、まず［a］－［w］－［a］それぞれの典型部あるいは中心部を、F1とF2のカーブを見ながら決めました。それらの位置をNote層にマークし、それを利用して［a］－［w］と［w］－［a］それぞれの中

間点を計算しました。

参考文献

Durand, J., U. Gut, and G. Kristoffersen (2014) *The Oxford Handbook of Corpus Phonology*, Oxford University Press.

藤本雅子、菊池英明、前川喜久雄（2006）『日本語話し言葉コーパスの構築法』第 6 章、pp.323-346. http://pj.ninjal.ac.jp/corpus_center/csj/document.html

05 スクリプトの作成(1)
ヒストリー機能を用いた作業の省力化

Praatで行う操作のほとんどは、コンピューターに対する命令を順番に書き記したプログラムによって自動的に処理させることができます。一般的には、そのような比較的簡易で小さなプログラムのことをスクリプトと呼びます。この章ではPraatスクリプトの初級と題して、基本的な用語とヒストリー機能（Praatの中で実行した作業の履歴）に基づくスクリプト作成について学びます。第10章が中級編、第14章が上級編となっていますので、併せてご覧になってください。

1 スクリプトによって省力化

Praatを用いて何らかの作業を行う時に、とりあえず色々試してみるという段階では、スクリプトをわざわざ作成するまでもありません。例えば、数十単語から成るリストの読み上げを録音して分析しようとして、まずは試しに自分で読み上げてテキストグリッドを付けてみるということはあるでしょう。単語、分節、トーン、メモ、などの層を設けて、それぞれの層にどんな情報を書き込むか思案を巡らせながらマーカー線を入れることでしょう。この段階で、後の分析のために絶対に必要な情報は何か、最小限の作業で目標に近づくためには何を削ぎ落とす事ができるか、をよく吟味することは非常に重要です。

　試行錯誤の段階を終え、実験参加者を集め、単語リストの読み上げ録音が無事に終わったとします。性別＋参加者番号＋試行数をファイル名として、M011.wav、M012.wav、F011.wav、F012.wavという具合に何個かの音声ファイ

ルがPCの中にあるとします（もちろん、別のところにバックアップも用意しておきましょう）。

　ここで、先ほどの試行錯誤段階で決めたように「単語、分節、トーン、メモ」の4層のテキストグリッドを用意する、という部分は、音声ファイルごとに行う単純な繰り返し作業です。各層の名前として「Word」「Segment」「Tone」「Note」と入れることに決めて、毎回毎回手動で行ってもそれほど大変なことではありません。しかし、どこかでつい間違えて、「word」「segment」等と全部小文字で名前をつけてしまったり、全角文字で「Ｗｏｒｄ」と入れてしまうこともあるかもしれません[1]。これでは、後に「Word」層にある情報を一括して取り出そうとする時に問題が生じるでしょう。

　一般に人間が手で作業をするとき、気まぐれで一貫しないミスが混じることは避けられません。しかし、より深刻なのは「ミスがあったことに気づかず、気づいたとしても、それがどこで起こったのか覚えていない」ことです。それゆえ、ほんの少しのことでも、定型化できる作業があったらそれを切り出して機械に処理させるのは意味があるのです。わずか10人分のテキストグリッドを作るのであれば、手作業で行ってもそれほど大変ではありません。しかし、実験参加者数が50人や100人となったらどうでしょう。数が増えれば増えるほど、ほんの小さな作業でも省力化に努めることの意義が増してきます。

2　スクリプトエディター

［Praat］→［New Praat script］と選択するとスクリプトエディターが開きます（図5-1）。上端に［File］［Edit］などのメニューが並び、その下がスクリプトを編集するためのスペースです。

　この節では本書に関連するメニュー項目について簡単に説明します。まず［File］メニューには、［New］(新規にスクリプトを作る)、［Open］(既存のスクリプトファイルを開く)、［Save］(保存)、などの他に［Add to fixed menu...］(固定メニューに追加) という項目があります。これは自分で作ったスクリプトをオブジェクトウィンドウのボタンとして常に現れるようにできる機能です。一旦うまく動くスクリプトが出来たら、いつも分析の際に使う定型の作業を、スクリプトを意識することなく使えるようになります。

　次に［Edit］メニューには、［Undo］(元に戻す)、［Redo］(やり直す)、［Cut］(削

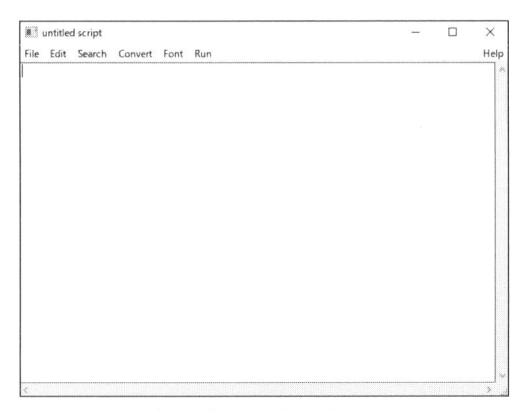

除）、［Copy］(コピー)、［Paste］(貼り付け) など、一般のエディターが持つような
項目があり、その下に［Clear history］(ヒストリーを消去)、［Paste history］(ヒスト
リーを貼り付け) という項目があります。この2つについては、次の3節で説明
します。

　［Search］メニューは、一般のエディターと同様に検索・置換を行う項目が
並んでいます。特筆すべきは［Where am I?］(現在の位置は？)、と［Go to line...］
(指定行へジャンプ)、という項目です。本章では数行程度ですが、第10章、14章
では50行ほどに及ぶスクリプトを扱います。すると、今編集している場所が
何行目かを知ることや、指定行に直接ジャンプすることが必要になってきま
す。長いスクリプトを作り上げ、勇んで実行してみたら「X行目にエラー」
と言う表示が出ることはよくあります。そこでめげずに、X行にジャンプし
てエラーの原因を調べ、再度実行、またエラー、修正して実行、をエラーが
出なくなるまで繰り返すというサイクルは、スクリプト (やプログラム一般) を
作るときに誰もが通る道筋です。

3　ヒストリー機能を用いたスクリプト作成

ヒストリー機能とは、ワードプロセッサーなど日常よく使うソフトウェアに
も実装されていて、「元に戻す」や「やり直す」という操作を含むものです。

Praatに限らず多くのソフトウェアは、ユーザーが行った操作とそれによる状態の変化を逐一記憶しています。「元に戻す」とは「1つ前」の状態に戻る操作ですが、1つ前に限らず、何段階も前の状態に戻ったり、改めて操作をやり直したりすることを可能にするのがヒストリー（＝履歴）機能というわけです。Praatのヒストリー機能は、マウスでの選択や、ボタンをクリックすることを含む、全ての操作について記憶しています。この章では、その記憶を取り出して、テキストとして編集することを扱います。

　スクリプトエディターの［Edit］メニューから［Paste history］を選ぶと、これまでに行った操作がすべて「コマンド＋引数」の形式で貼り付けられます。しかし、その中身はここまでみなさんが何をしてきたかに依ります、時には試行錯誤も混じった履歴が全て貼り付けられてしまうこともありえます。そこで、まずは、［Clear history］を選んで、一旦、ヒストリーを空の状態にします。また、音声ファイル（これまでの演習で用いたものなど）を、ファイル名をtest.wavに変更して、デスクトップに置いておきましょう。

　ここからの操作は後ほど再利用するので、なるべく間違いのないようにしましょう（もちろん焦る必要はありません。間違えたらまた［Clear history］をして、やり直してもよいのです）。以下の順番通りに行ってみてください。

① ［Open］→［Read from file…］メニューからデスクトップに置いたtest.wavを読み込む。
② 4.1節に従い、［Annotate］→［To TextGrid］ボタンをクリック。
③ 設定ウィンドウでWord Segment Tone Noteの4層、その内ToneとNoteはポイント層というテキストグリッドを作成する。
④ テキストグリッドオブジェクトとサウンドオブジェクトの両方を選択して［View & Edit］で開く。
⑤ Praatメニューから［New Praat script］を開き、［Edit］→［Paste history］を選ぶ。

すると、Box 5-1のようにペーストされるはずです。なお、以降では、スクリプト本体を1重の枠内に表示します。枠外左端はスクリプトの先頭から数え

た行番号です。また、1行目の「ユーザー名」の部分はお使いのPC環境によって変わりますので、それに合わせて適切なものを入れてください[2]。

```
1   Read from file: "C:\Users\ユーザー名\Desktop\test.wav"
2   To TextGrid: "Word Segment Tone Note", "Tone Note"
3   selectObject: "Sound test"
4   plusObject: "TextGrid test"
5   View & Edit
6   New Praat script
```

[Box5-1]

　ここで、6行目の「New Praat script」は削除してから、スクリプトエディターの［Run］→［Run］メニューを選ぶと、先ほど手動で行ったのと全く同じテキストグリッドを持ったサウンドエディターのウィンドウが新たに1つ開きます。

　このスクリプトがしてくれる省力化は、毎回同じ形式のテキストグリッドを用意する、というほんの小さなことです。しかし、例えば、何人かのチームで音声ファイルにラベリングをする、という共同作業をする時に、このスクリプト（の発展形）を共有しておけば、テキストグリッドの層の名前を一貫させるために全員に注意喚起をする、という余計な仕事を増やさずに済みます。

　ただ、このままのスクリプトではtest.wavというファイルしか開けず、次から次へと異なる音声ファイルを開いてはテキストグリッドをつける、という作業には使えません。もう少し実用的なスクリプトにするために、ある要素をここで導入しておきます。

　Praatではフォーム（form）と言う一連の記述でGUIのウィンドウを表示し、ユーザーからの入力を得ることができます。フォームの基本形はBox 5-2の通りです。

```
1    form ウィンドウのタイトル名
2       入力のタイプ 変数名 デフォルトの値
3    endform
```

[Box5-2]

基本形を元に実際に使えるように変更したのが次のスクリプトです。

```
1    form myAnnotate
2       sentence wavFile C:\Users\ユーザー名\Desktop\test.wav
3    endform
```

[Box5-3]

そして、この3行だけのスクリプトをメニューから［Run］すると以下の
ウィンドウが現れます。

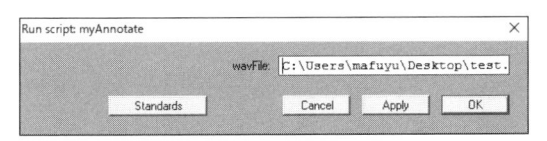

［図5-2］フォームウィンドウの例

スクリプト1行目の指定通り「myAnnotate」というタイトルを持つウィン
ドウが現れます。また2行目がウィンドウの中身を指定していることが分か
ります。「入力のタイプ」に「sentence」と入れることで、スペースを含んだ
文が扱えるようになります。他には、整数を扱う「integer」や、選択ボタン
を表示する「button」など様々な入力のタイプをここで指定することができ
ます。詳しくは付録1をご覧ください。

2行目の2番目の項目、「変数名」としては「wavFile」を与えています。変
数については第10章で詳しく説明しますので、ここではとりあえず「入力を
一旦受け取る箱みたいなもの」と考えておいてください。

3番目の項目、「デフォルトの値」とは、このフォームのユーザー記入枠に
最初から書き込んであるものを指します。「C:\Users\ユーザー名\test.wav」と

デフォルトで書いてあることによって、ユーザーはここにどんな入力が求められているのかを推測でき、しかもその一部を編集するだけで、同様の項目を次に入力するのが簡単になります。例えば、test2.wav, test3.wavのようなファイルが同じフォルダーにあるならば、「.wav」の前を書き換えていくだけで済むというわけです。

　では、先ほどヒストリーから作ったスクリプトと、このフォーム部分のスクリプトを合体させましょう (Box 5-4)。その際、新たなスクリプトの4行目に2つ変更点があります。まず「Read from file:」の後を「wavFile$」としているところです。これが「変数」という「入力を一旦受け取る箱」を利用している部分です (「$」マークが末尾に付いたことにも注意。詳しくは第10章で)。もうひとつは行頭に「wavID =」というものが付いた点です。これはオブジェクトを読み込む時にPraatが自動的に割り振ってくれるID番号を利用するためのものです。5行目も同様に「tgID =」をスクリプトに付け加えています。これによって6、7行目でオブジェクト名ではなくID番号によってセレクトすることが可能になったわけです (オブジェクトのIDについては14章でさらに説明します)。

```
1   form MyAnnotate
2     sentence wavFile C:\Users\ユーザー名\Desktop\test.wav
3   endform
4   wavID = Read from file: wavFile$
5   tgID = To TextGrid: "Word Segment Tone Note", "Tone Note"
6   selectObject: wavID
7   plusObject: tgID
8   View & Edit
```

[Box5-4]

　ここまで出来たら、スクリプトエディターの［File］→［Save］メニューを用いて、初の自作スクリプトを保存しておきましょう。ファイル名は「myAnnotate.praat」とします。拡張子に「.praat」を使うのがPraatスクリプトの慣習になっています。次からは、［Praat］→［Open Praat script…］メ

ニューからこのスクリプトを開いて実行すれば、常に一貫したテキストグリッドを用意することができるようになります。

　以上のように、ヒストリーを元にして簡単な編集をすることで、作業の一貫性や効率を高めるスクリプトが作成できます。もっと手の込んだことをしてみたいと思ったときは、色々とGUIでの操作を試しては、ヒストリーを眺めるというのもよいでしょう。また、ネット上で「praat script archive」などと入力して検索してみると、先人が築いたスクリプトの例が大量に見つかります[3]。それらを、自分の用途に合わせ、加工して使えるようになると大きく世界が広がります。プログラミングという世界に足を踏み入れることになるのです。

4　演習：スクリプト作成

先ほどのまでの続きで、作業の一貫性や効率を (ほんの少し) 高めるようにスクリプトを編集しましょう。

演習1　テキストグリッドを用意したら、早速分析を始めたいところですが、その前にぜひ気をつけていただきたいことがあります。ある程度分析したのち、結果の保存を怠ったままPCをシャットダウンしてしまったりすると、大きな時間の無駄が生じるだけでなく、強烈な徒労感に襲われてしまいます。テキストグリッドは分析を始める前にまず保存しましょう。そして第4章でも述べたように、1単語分析が進むごとに「上書き保存」を習慣として行うようにすれば、何かあったときでも損害は最小限で済みます。

　　では、先ほどのmyAnnotate.praatでテキストグリッドを最初に用意する段階で、(まだ中身はなくても) すぐにそれをファイルとして保存するようにスクリプトを改変してみましょう。その際、「.wav」ファイルは次々に違う対象を扱っていくので、「.TextGrid」のファイル名も拡張子より前の部分を「.wav」と共通化したいですね。

▶解答例

```
1    form myAnnotate
2      sentence wavFile C:\Users\ユーザー名\Desktop\test.wav
3    endform
4    wavID = Read from file: wavFile$
5    tgID = To TextGrid: "Word Segment Tone Note", "Tone Note"
6    base$ = wavFile$ - ".wav"
7    textGridFile$ = base$ + ".TextGrid"
8    Save as text file: textGridFile$
9    selectObject: wavID
10   plusObject: tgID
11   View & Edit
```

[Box5-5]

▶解説
オブジェクトウィンドウで先ほどのテキストグリッド、testを選択した状態で
［Save］→［Save as text file...］メニューを用いると、テキストグリッドの保存
ができます。一度実際に操作してから確認のためにヒストリーを見ると

```
Save as text file: "\Users\ユーザー名\Desktop\test.TextGrid"
```

[Box5-6]

という部分があるはずです。しかし、先ほどのmyAnnotate.praatというスク
リプトの意義は、毎回違ったファイルを扱えることにあるので、保存するテ
キストグリッドファイルの名前がいつもtest.TextGridに固定されていては困
ります。test2.wav, test3.wav…と毎回扱う音声ファイルは違っても、音声ファ
イル名の「.wav」より前の部分はそのままに、「.wav」を削って「.TextGrid」
を加えたものをファイル名として保存したい、という欲求が今回の演習の中
心にあるわけです。それを可能にするコードは6～8行目です。
　ここでも「変数」(すなわち箱) を用いていますので、詳しくは第10章も参照

```
6   base$ = wavFile$ - ".wav"
7   textGridFile$ = base$ + ".TextGrid"
8   Save as text file: textGridFile$
```

[Box5-7]

してください。文字列を「削る/加える」という基本的な操作は「-/+」によって行われています。6行目では「wavFile$」という箱の中身から".wav"だけを削って、残りを「base$」という箱に入れています。また7行目では「base$」の中身に".TextGrid"を加えて、「textGridFile$」という新たな箱に入れています。8行目で、その新たな箱の中身を使って、保存を行っています。

注

1　全角文字の中でも全角スペースには特に気をつける必要があります。一旦入力してしまうと、それが全角スペースであることは、ただ目視しただけではほぼわからないからです。しかし、コンピューターにとっては、半角スペースは単語を区切るという意味を持ちますが、全角スペースはそうではありません。例えばテキストグリッドを用意する最初の設定ウィンドウでもし「word[全角スペース] segment」と入力してしまうと、テキストグリッドは1層しか用意されません。全角スペースは区切りの意味を持たず、普通の仮名文字と同格なのです。

2　ディレクトリ名やファイル名の間の区切り記号はウィンドウズの日本語環境では「¥」、英語環境ならば「\」、Macならば「/」が用いられます。本章では「\」となっていますが、各自の環境に合わせて読み替えてください。

3　Praatのバージョン5.3.44（2013年4月）から、スクリプトの仕様に変更があり、variable-substitution-free scriptingと呼ばれるものになりました（doというコマンドを多用することからdo仕様と呼ぶことにします）。さらに5.3.64（2014年2月）からはコロンでコマンドと引数を区切る仕様が導入されました（コロン仕様と呼ぶことにします）。しかし現在ネット上で手に入る既存のスクリプトの多くは、まだこれらの仕様に合わせたものになっておらず、旧仕様（5.3.44より前）のものが多く見られます。Praat開発者は後方互換性をなるべく保つとヘルプの中で述べていますが、5.3.44以降新たに導入されたコマンドについては、旧仕様では動作しないこともあります。本書で例示・演習するのは、全てコロン仕様のスクリプトですが、小磯（編）(2015)の付録Aでは、do仕様のスクリプトについて解説があります。

参考文献

小磯花絵（編）(2015)『話し言葉コーパス　設計と構築』朝倉書店

III

中級編

06 より精密な音声分析
オブジェクトとクエリーを使う

第2章で紹介したように、サウンドエディターではスペクトル、ピッチ、フォルマントなど様々な分析が手軽に行えますが、ズームイン・ズームアウトなどをすると分析結果が微妙に変わってしまうことがあるなど、分析結果の再現性に欠けるという問題があります。そこで本章では、より精密な音声分析の方法として、ピッチやフォルマントなどの分析ごとにオブジェクトを作る方法を学びます。また、分析結果を読み取る際に用いるクエリー (query) コマンドについて学びます。さらに、実習として、第2章で行った母音空間図を作る実習を、ここではオブジェクト、テキストグリッド、クエリーコマンドを組み合わせて行います。

1　音声分析結果のオブジェクトへの保存

まず音声分析を行う前の準備として、オブジェクトウィンドウの［Open］→［Read from file...］を使って分析したい音声をSoundオブジェクトとして開きます。複数の発話が入った長い音声を一気に分析するとPraatの反応が遅くなるので、分析を行う前にあらかじめ単語や文ごとに切り分けたものを使ったり、不要な無音区間などを削除したりしておくとよいでしょう。

1.1　ピッチ
ピッチ曲線 (基本周波数の時間的変化) を測定するには、Soundオブジェクトを選択して右側のメニューから［Analyze periodicity］(周期性の分析) →［To Pitch...］を選びます (図6-1)。すると図6-2のような設定ウィンドウが開きます。

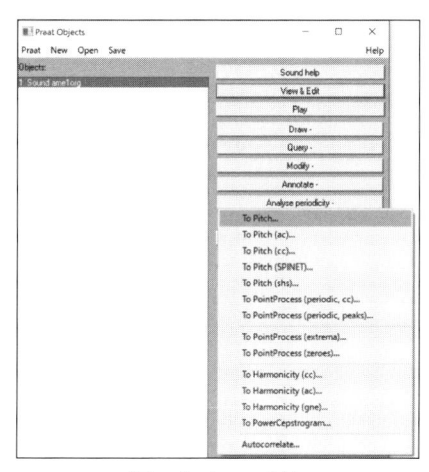
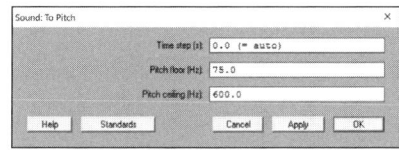

[図6-1] ピッチの分析 　　　　　[図6-2] Pitchオブジェクト設定画面

図6-2のPitch floor（ピッチの最小値）とPitch ceiling（ピッチの最大値）にはそれぞれ、分析の際にピッチ曲線が取りうる最小値と最大値をヘルツで指定します。初期設定では75Hzと600Hzという値が入っていて、通常はこのままで問題ありませんが、分析しようとしている音声の特徴に合わせて変更することも可能です。ただし、Pitch floorを変えると（かつTime stepが0.0 (= auto)になっていると）、分析フレームのステップサイズ（何秒間隔でピッチを測定するか）が変化してしまうので、Pitch floorは頻繁には変えないほうがよいでしょう。

　図6-2の［OK］を押すと、オブジェクトウィンドウに「Pitch オブジェクト名」という新たなオブジェクトができます（図6-3）。このオブジェクトを選択して［View & Edit］を押すとその中身を見ることができます（図6-4）。これをピッチエディターと呼ぶことにします。

　図6-4のピッチエディターのピンク色の点の系列がピッチ曲線を示します。無音区間（ポーズ）や無声子音の区間は画面下部のUnv（Unvoiced（無声）の略）の部分が青色に表示されます。画面上にはピンク色になっていないその他の数値もありますが、それらは個々の時刻（分析フレーム）ごとにPraatが推定したピッチのその他の候補です（数値は1〜9で、数値が高いほど有力な候補であることを意味します）。

　実は音声の基本周波数（ピッチ）を機械に正確に測定させるのは難しい問題

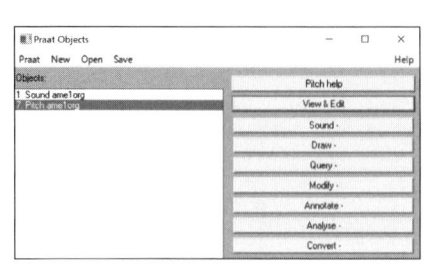

[図6-3] Pitchオブジェクト

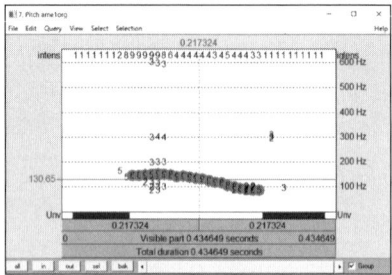

[図6-4] ピッチエディター

　で、Praatのようなソフトウェアが測定したピッチ曲線にはしばしば誤りが含まれています。ピッチの測定値がいきなり2倍や半分（またはその他の離れた値）に飛んでいたり、無声区間を誤って有声と判断したり（あるいはその逆）することがあります。特に発話の始端や終端、有声音と無声音の境界、きしみ声の時などに起こることがあります。例えば図6-5では発話の最後の部分（カーソルで選択されている区間）でピッチが突然2倍以上に飛んでいます。

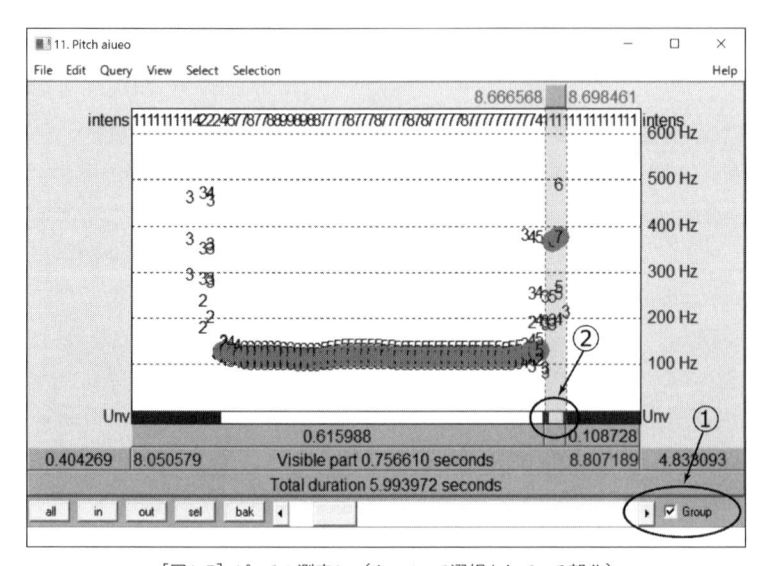

[図6-5] ピッチの測定ミス(カーソルで選択されている部分)

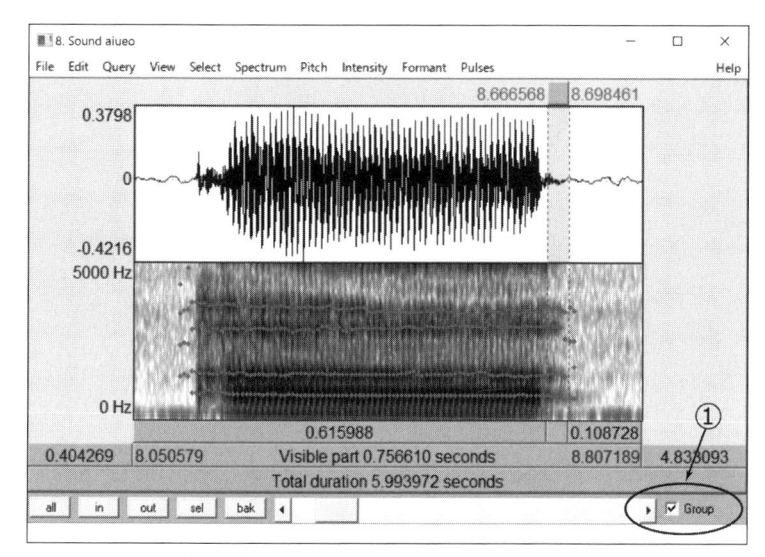

[図6-6] 図6-5に対応するサウンドエディターの画面

　このような測定ミスと思われる部分がある場合は、原音声を確認して測定ミスが起きた原因を探ることになります。この時、ピッチエディターと原音声のサウンドエディター (図6-6) の両方を開いて、両画面の右下にある Group に√を入れると (図6-5と6-6の①)、2つの画面が同期して音声の同じ部分が表示されるようになります。図6-5と6-6を見比べると、測定ミスの部分は母音が終わった後であることが確認できます。

　ここで挙げた Group をオンにして複数のウィンドウを同期するという機能は、サウンドエディターとピッチエディターに限ったものではなく、他の種類のウィンドウでも使うことができます。

　ピッチの測定ミスがあった場合は、ピッチエディターでピッチの値を修正することができます。個々の時刻 (分析フレーム) ごとに、画面に表示されている他の候補 (数字) の中から正しいと思われるものをクリックする、あるいは無声区間にしたい場合は画面下部の Unv の部分をクリックします (図6-5の②)。マウスクリックでピッチを修正する方法の他に、ピッチエディターの [Selection] メニューにある [Unvoice](無声にする)、[Ocatve up](2倍にする)、[Octave down](半分にする) などのコマンドを使うこともできます。図6-5の例

では②の部分は母音の後であり無声とみなすのが適切なのでUnvの部分をクリックします (図6-7)。

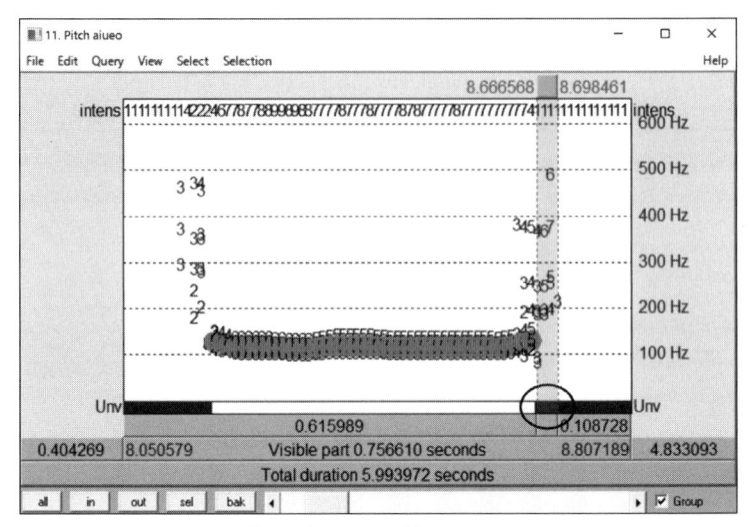

［図6-7］ 図6-5の測定ミスを修正

Pitchオブジェクトを保存するにはオブジェクトウィンドウから［Save］→［Save as binary file...］(バイナリーファイルとして保存する) を実行します。ファイル名には「.Pitch」という拡張子を付ける (例：ame1org.Pitch) とよいでしょう。

ピッチ曲線を保存する形式として、Pitchオブジェクトとは別にPitchTierオブジェクトがあります。PitchTierとして保存すると、ピッチの値の時系列をテキストファイルに書き出したり、そのテキストファイルを編集してPraatに再び読み込んだりすることが出来ます (そのPitchTierを音声再合成 (第8章参照) に使うこともできます)。

PitchTierオブジェクトを作るには、オブジェクトウィンドウからPitchオブジェクトを選択して［Convert］→［Down to PitchTier］(PitchTierオブジェクトに落とし込む) を実行します。すると「PitchTierオブジェクト名」という新たなオブジェクトができます。これを［View & Edit］するとピッチ曲線が表示されます (図6-8)。図6-4と同じピッチ曲線が表示されていますが、同じに見え

ないのは、縦軸の範囲が変わったからです（図6-4では75～600Hzなのに対して図6-8ではおよそ71～163Hz）。また、図6-4と異なり他のピッチ値の候補やUnvoicedの区間などが表示されない分、図6-8のほうがシンプルになりました。

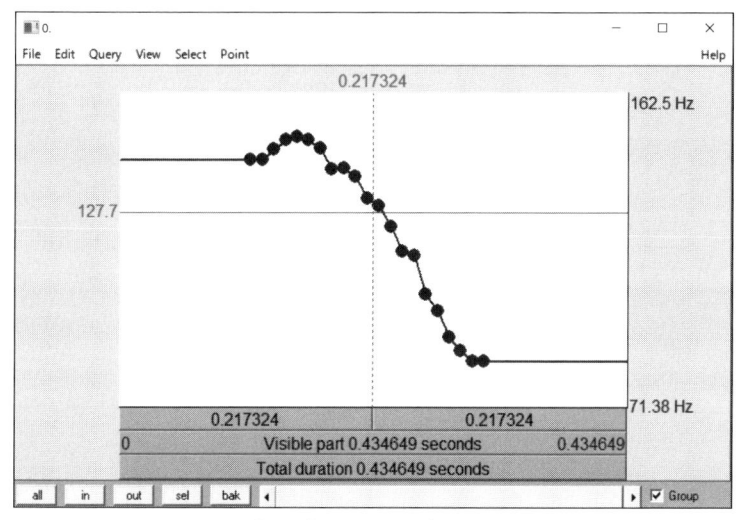

[図6-8] PitchTierオブジェクト

PitchTierの内容を、Praatに再読み込み可能なテキストファイルとして保存するには、オブジェクトウィンドウから［Save］→［Save as PitchTier spreadsheet file...］（PitchTierを表形式で保存する）を選びます。ファイル名には「.PitchTier」という拡張子を付けるとよいでしょう。

1.2 フォルマント

フォルマント周波数を測定するには、オブジェクトウィンドウでSoundオブジェクトを選択して、右側のメニューから［Analyze spectrum］（スペクトルの分析）→［To Formant (burg) ...］を選択します。すると図6-9のような設定ウィンドウが開きます。

図6-9のほとんどのパラメータはデフォルトのままでよいですが、上から3つ目の「Maximum formant」（分析の際にフォルマント周波数が取りうる最大値）は、第2

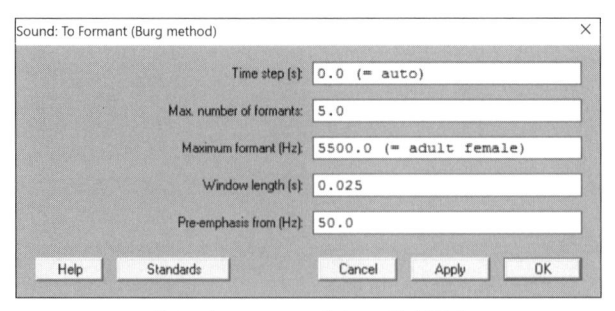

[図6-9] Formantオブジェクト設定画面

章でも触れたように、分析している音声の発話者に応じて値を変えることが重要だとされています。平均的な成人男性では5000Hzに、平均的な成人女性では5500Hz (これが初期値) に設定します。発話者が幼児の場合はより高い値 (8000Hzなど) に設定します。母音の定常部などを試しに分析するなどして適切な値を判断するとよいでしょう。

図6-9の［OK］を押すと、オブジェクトウィンドウに「Formant オブジェクト名」という新たなオブジェクトができます。ピッチ曲線とは異なり、Formantオブジェクトを直接［View & Edit］することはできません。その代わりに、［Draw］コマンドを使ってピクチャーウィンドウに出力することができます (ピクチャーウィンドウについては第7章参照)。

Formantオブジェクトを保存するにはオブジェクトウィンドウでFormantオブジェクトを選択して［Save］→［Save as binary file...］を実行します。ファイル名には「.Formant」という拡張子を付けるとよいでしょう。

1.3 スペクトログラム

スペクトログラムをオブジェクトとして保存すると、ピクチャーウィンドウにスペクトログラムを描画することができ、その画像をコピーして論文などに貼り付けたり画像ファイルに保存したりすることができます。

スペクトログラムを作るには、オブジェクトウィンドウでSound オブジェクトを選択してから右側のメニューの［Analyze spectrum］→［To Spectrogram...］を選択します。設定ウィンドウが開きますが、そのまま［OK］を押します。すると、オブジェクトウィンドウに「Spectrogram オブジェクト名」という

新たなオブジェクトができます。[View] を押すとスペクトログラムを画面に表示できます。

　Spectrogram オブジェクトを保存するにはオブジェクトウィンドウで Spectrogram オブジェクトを選択して [Save] → [Save as binary file...] を実行します。ファイル名には「.Spectrogram」という拡張子を付けるとよいでしょう。

1.4　インテンシティー

インテンシティー曲線 (音の強度の時間的変化) を測定するには、Sound オブジェクトを選択して右側のメニューから [To Intensity...] を選びます。設定ウィンドウが開きますが、そのまま [OK] を押します。すると、オブジェクトウィンドウに「Intensity オブジェクト名」という新たなオブジェクトができます。このオブジェクトを保存するにはオブジェクトウィンドウから [Save] → [Save as binary file...] を実行します。ファイル名には「.Intensity」という拡張子を付けるとよいでしょう。

2　オブジェクトに対する情報の抽出(クエリー)

前節では Sound、Pitch、Formant、Intensity など様々な種類のオブジェクトを紹介しましたが、音声分析を行う際にはそこからある区間の平均値や最大値・最小値といった情報を抽出する必要があります。Praat ではオブジェクトごとに色々なクエリーコマンド (query = 問い合わせ) が用意されており、それらを使って必要な情報を抽出することができます。さらに、クエリーコマンドをスクリプト (第5、10、14章参照) に組み込めば作業をある程度自動化できるので、強力な分析ツールを作ることも可能です。

　以下ではよく使うクエリーコマンドを紹介します。分析したいオブジェクトを選択して右側のメニューから [Query] ボタンを押すとクエリーコマンドがサブメニューに表示されます。コマンドを選択すると引数を入力する設定画面が開く場合があります。引数を入力して [OK] を押すと、結果がインフォウィンドウに出力されます。例えば Pitch オブジェクトを選択すると右側に [Query] ボタンが現れます。これをクリックすると図6-10のようなサブメニューが現れます。ここで [Get value at time...](指定時刻の値を取得する) をク

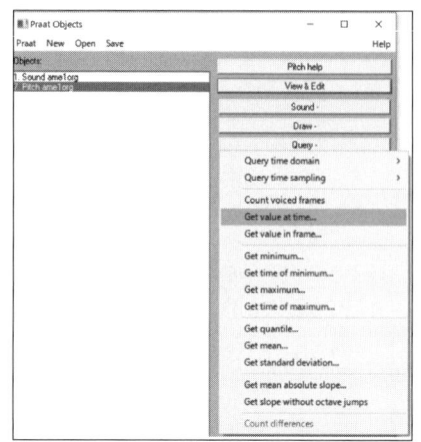
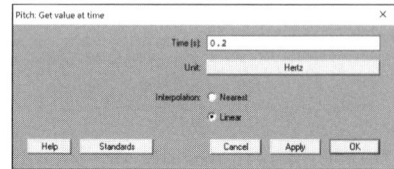

[図6-10]
Pitchオブジェクトに対するクエリーコマンド

[図6-11]
[Get value at time...]コマンドの設定画面

リックすると、図6-11のような設定画面が現れます。仮にTimeを0.2と入力して［OK］を押すと、時刻0.2秒におけるピッチの値をインフォウィンドウに表示します。

2.1 Pitchオブジェクトに対するクエリー

● ［Get value at time...］(指定時刻の値を取得する)　時刻 (Time) を指定するとその時刻のピッチの値をインフォウィンドウに表示します。単位はヘルツですが、メル (mel) やセミトーン (semitone) などの単位に変換することもできます。また、指定した時刻とピッチを測定した時刻がずれている場合、線形補間した値 (Linear) を返すか、指定時刻に最も近い実測値 (Nearest) を返すかを選択できます。指定した時刻が有声であればピッチの値を返しますが、無声あるいは無音区間であった場合は「--undefined--」(未定義) という値を返します。

● ［Get minimum/maximum...］(最小値／最大値を取得する)　時刻の範囲 (Time range) を指定するとその区間でのピッチの最小値 (minimum) あるいは最大値 (maximum) を返します。時刻の範囲の初期値は「0.0」から「0.0 (=all)」となっていてファイル全体が分析対象となります。ファイル全体の最小値あ

るいは最大値を求めたい場合はこのまま［OK］を押しますが、特定の部分の最小値・最大値を求めたい場合は始端と終端の時刻を入力して［OK］を押します。初期値に戻したい場合は［Standards］を押します。

● ［Get time of minimum/maximum...］(最小値／最大値となる時刻を取得する)　時刻の範囲 (Time range) を指定するとその区間でピッチが最小値 (minimum) あるいは最大値 (maximum) となる時刻を返します。

● ［Get mean/standard deviation...］(平均値／標準偏差を取得する)　時刻の範囲 (Time range) を指定するとその区間でのピッチの平均値 (mean) または標準偏差 (standard deviation) を返します。

2.2　Formantオブジェクトに対するクエリー

2.1節で紹介したPitchオブジェクトに対するクエリーはいずれもFormantオブジェクトに対しても使えます。ただし、時刻 (Time) に加えてフォルマントの番号 (Formant number) を指定します。例えば第1フォルマント (F1) であれば1と指定します。

2.3　Intensityオブジェクトに対するクエリー

Intensityオブジェクトも、時刻を指定すればPitchオブジェクトに対するクエリーと同じものが使えます。

3　音声学実習：母音空間図を描く(その2)

第2章ではサウンドエディターを使って日本語の5つの母音の第1・第2フォルマント周波数を測定しました。サウンドエディターを使うと画面上で手軽に分析ができる反面、測定結果が記録に残らないというデメリットもあります。そこで、今回は同じような分析を本章で学んだFormantオブジェクトおよび第4章で学んだテキストグリッドを使って行ってみましょう。

演習1　日本語の5つの母音からなる母音空間を描きましょう。

①日本語の5つの母音を1つ1つ発音した音声を (できれば複数の) 話し手から録

音しましょう。

　第2章の実習では1名の話者の母音空間を測定しましたが、対象を複数の話者に広げ、男性も女性も複数名ずつ含め、可能であれば子供も含めると、話者間の個人差や性別・体の大きさの違いなどを反映した母音空間図が描けます。英語ではPeterson & Barney (1952) が76名の男性・女性・子供を対象に測定した母音空間を報告していますが、これに似たような実験を日本語で行うこともできます。

▶①解答例
第2章のように、「あー、いー、うー、えー、おー」のように個々の母音を単独で発話したものを録音してもよいでしょう。あるいは、「ばば、びび、ぶぶ、べべ、ぼぼ」のように左右の子音環境を揃えた無意味単語を発話してもよいでしょう。

②テキストグリッドを使って母音フォルマントの定常部をラベリングしましょう。
　母音を単独で発話した場合も、単語の中で発話した場合も、母音の始まりと終わりの部分はフォルマント周波数が不安定になったりフォルマント遷移があったりするので、母音の特徴的なフォルマント周波数を求める際にはその部分を除外し、定常部のみを対象に測定するとよいでしょう。例えば図6-12に母音/i/ と /u/ のスペクトログラムが示されていますが、フォルマント追跡結果を見ると、テキストグリッドの /i/ と /u/ の区間 (黒の縦線を引いて見やすくしてあります) よりも外側はフォルマント追跡結果が不安定だったりフォルマントがわずかに変化していたりします。このような部分は分析から除外し、母音の定常部 (フォルマントが比較的安定している部分) の範囲を分析対象とするために、テキストグリッドで記録することにします。第4章の例の通りに「Word Segment Tone Note」という4層からなるTextGridオブジェクトを作り、Soundオブジェクトと一緒に選択して開きます。さらに、[Formant] → [Show formants] のチェックを入れてフォルマントを表示します。フォルマントを見ながら各母音の始まりと終わりの部分を除いた定常部を測定対象としてラベリングします (図6-12参照)。

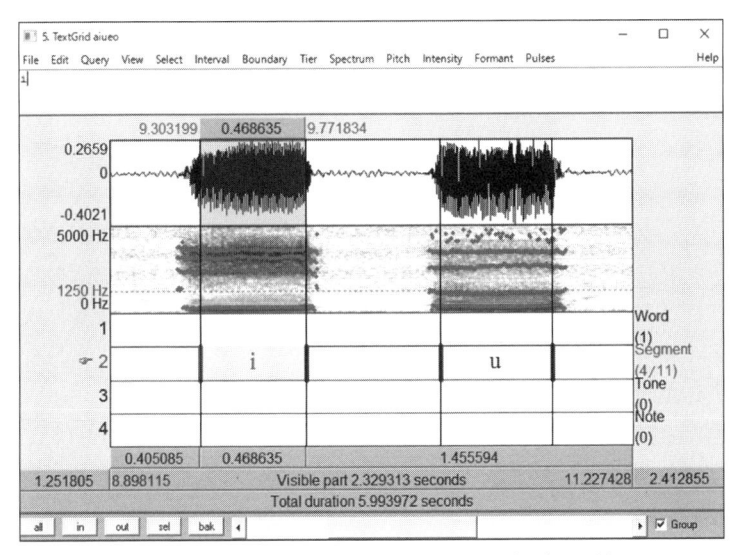

［図6-12］ フォルマントが安定している部分と不安定な部分の例

▶②解答例

個々の母音をラベリングした例を図6-13に示します。

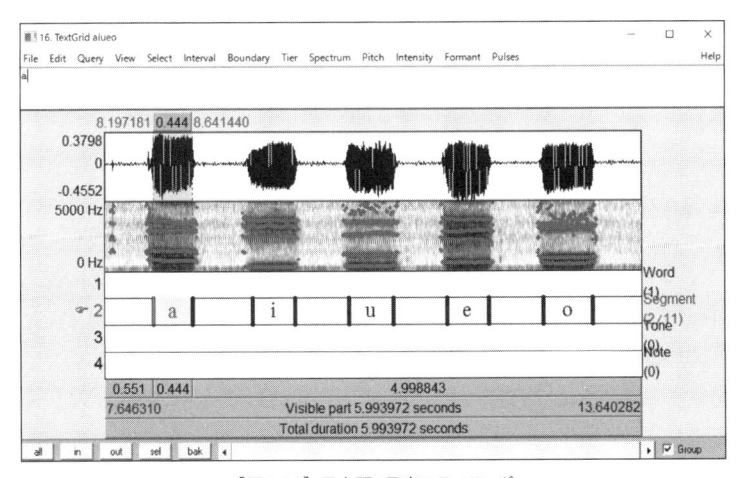

［図6-13］ 日本語5母音のラベリング

③Formantオブジェクトを作って母音のフォルマント周波数を測定しましょう。
　　Soundオブジェクトを選択して、［Analyze spectrum］→［To Formant (burg)...］を押してFormantオブジェクトを作ります。この時、話者の性別に応じて「Maximum formant」の値を調節しましょう。このFormantオブジェクトを選択して［Query］→［Get mean...］を実行して第1と第2フォルマント周波数の平均値をそれぞれクエリーします。その際に、テキストグリッドの中の測定したい母音のラベルを選択すると始端と終端の時刻が表示されるので、その値を「Time range」の入力欄にコピー＆ペーストします。例えば図6-14は、図6-13の母音/a/を測定するためのTime rangeを指定した画面です。この画面の［OK］を押すとフォルマントの値がインフォウィンドウに表示されます。この作業を全ての母音のF1とF2に対して行います。

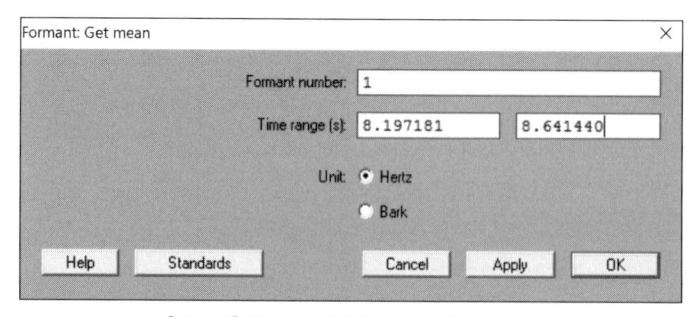

［図6-14］Formantオブジェクトに対するクエリー

4　分析作業の自動化に向けて

上述の実習の、①収録、②ラベリング、③測定、という3つのステップはいずれも時間と労力を要します。特に③測定は数値のコピー＆ペーストなどを含む機械的な作業なので、単調でつまらない上、ミスを犯しやすい作業でもあります。このステップが自動化できれば、時間も節約でき、ミスも減ります。そこで、このような作業にはPraatのスクリプト機能を活用することをお勧めします。Praatでは画面上でできる操作は基本的にそのままスクリプトに

することができるので、画面上の手順を再現しながらスクリプトを書くことができます。スクリプトについては第5、10、14章で詳しく説明します。

参考文献

Peterson, G. and Barney, H. (1952) Control methods used in a study of the vowels, *Journal of the Acoustical Society of America*, 24, 175-184.

07 音声の可視化
ピクチャーウィンドウを使う

Praatではピクチャーウィンドウを使用して波形やピッチ曲線などの音声の音響的特徴の可視化、そしてテキストグリッドの情報を画像として出力することができます。第1章でOSのスクリーンキャプチャーを利用した、Praatの画面出力の方法を紹介しましたが、その方法とは別の、このピクチャーウィンドウを使用した図が昨今の論文などで見られます。本章では、サウンドエディターのメニュー内や各種オブジェクト選択時のメニュー内に存在する［Draw］や［Paint］コマンドを実行し、様々な情報をピクチャーウィンドウに出力して画像化する方法を紹介します。基本となるサウンドエディターからの出力、各種オブジェクトからの出力、そしてピクチャーウィンドウ内のコマンドを使用した応用まで学びましょう。

1　ピクチャーウィンドウの基本

最初に［Draw］を実行し、何が起こるか確認しましょう。オブジェクトウィンドウでSoundオブジェクトを1つ選択し、［View & Edit］を実行しましょう。図7-1 (左図) のようにサウンドエディター内に波形が表示されているはずです。この状態で上部のメニューから［File］→［Draw visible sound...］を選択して実行します。小さなウィンドウが出現し、設定項目が表示されますが、初期値のまま実行しましょう (小さなウィンドウ内の「Standards」ボタンをクリックすると全ての設定が初期値になります)。

　［OK］ボタンをクリックすると、図7-1 (右図) のようにピクチャーウィンドウ内に波形が表示されます。この状態で、ピクチャーウィンドウの上部メ

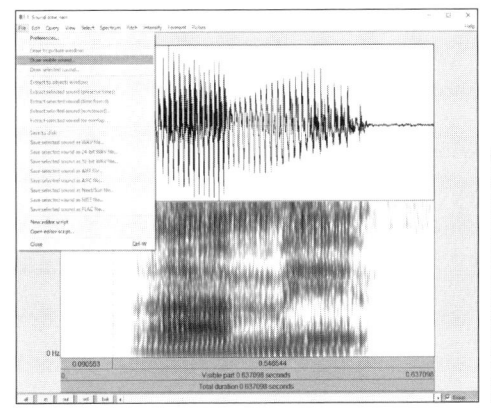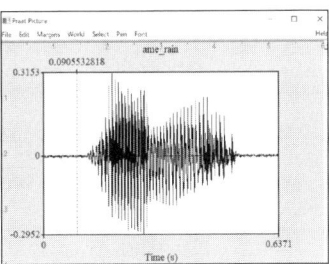

[図7-1]［Draw visible sound...］

ニューの［File］から出力のフォーマット（PDF、PNGなど）を選択して画像ファイルとして保存できます。

　ここで、ピクチャーウィンドウの概要を示した図7-2からウィンドウの内容を確認します。

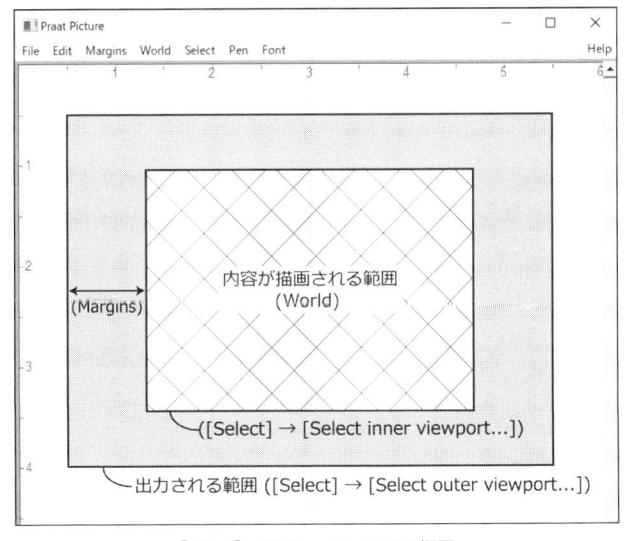

[図7-2] ピクチャーウィンドウの概要

ピクチャーウィンドウは、Praat を起動した直後に表示されています。ウィンドウが表示されていない場合は、［Draw］などの描画コマンドを実行すると自動的に表示されます。ウィンドウにすでに何か描画されている場合は、上部メニューの［Edit］→［Erase all］で描画内容を全て消去できます。ピクチャーウィンドウ内をマウスなどでドラッグすると、ピンクまたは青色 (OS、Praat のバージョンによって異なります) の枠が動きます。

　この枠の内側 (inner viewport) が内容が描画される範囲です (図7-1 の場合は波形)。ピクチャーウィンドウ上部のメニュー内の［World］のコマンドを実行した場合もこの範囲に描画されます。

　枠の部分は、余白 (Margins) で、縦軸・横軸のスケールの情報が描画されます (図7-1 の数値、Time(s) の部分)。ピクチャーウィンドウ上部のメニュー内の［Margins］のコマンドを実行した場合もこの範囲に描画されます。

　枠の外側の範囲 (outer viewport) が画像として出力される範囲です。画像のファイル出力時には、ピクチャーウィンドウ全体が出力されるのではなく、この範囲に含まれている内容のみが出力されます。

　上部メニューの［File］から各種画像ファイルとして保存できます (OSによって出力可能な形式は異なります)。また、上部メニューの［Edit］→［Copy to clipboard］を実行し、クリップボードに「コピー」することもできます。コピーした内容は他のソフトウェア (Word や PowerPoint) にペーストして利用できます。

　ピクチャーウィンドウ内の白い部分の上端と左端に表示されている赤色の数字は、長さをインチで示した目盛りです。マウスで枠を操作すると0.5インチ毎に範囲の指定ができます。ピクチャーウィンドウ上部メニューの［Select］から数値で指定し、より細かい単位で設定することも可能です。例えば、［Select］→［Select outer viewport...］を実行すると図7-3 (左図) のようなウィンドウが表示されます。

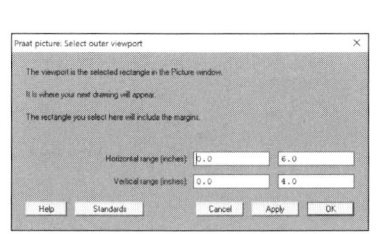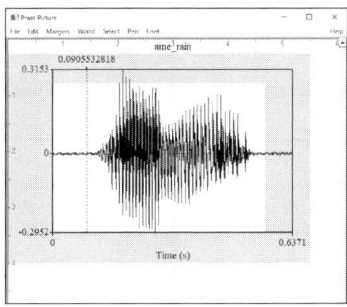

［図7-3］［Select outer viewport...］

● Horizontal range （inches）：横の範囲の設定
　　○左側の数値：選択範囲の左端
　　○右側の数値：選択範囲の右端
● Vertical range （inches）：縦の範囲の設定
　　○左側の数値：選択範囲の上端
　　○右側の数値：選択範囲の下端

　Horizontal rangeを0.0 （左の欄） と5.5 （右の欄）、Vertical rangeを0.25 （左の欄） と4.0 （右の欄） に設定した結果が図7-3 （右図） です。図7-1 （右図） で描画された範囲より少し狭い範囲が設定されています。この例では、枠の外側を指定しましたが、［Select］→［Select inner viewport...］では、同様の方法で枠の内側の範囲を数値で設定できます。このように［Select］から枠の内側、外側の範囲を数値で指定できますが、余白の幅のみを独立して設定することはできないようです。内側 （外側） の範囲を設定すると自動的に外側 （内側） の範囲も変更されます。

2　サウンドエディターからの出力

「雨」と「飴」の発話をもとに、テキストグリッドを用いて作業した結果が、図7-5の画面です。本節では、この例をもとにサウンドエディターからの出力の方法を紹介します。

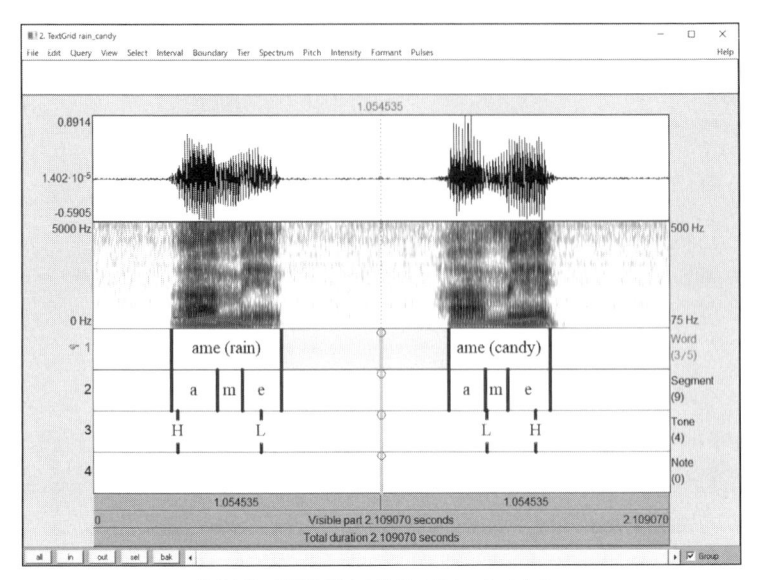

[図7-4]「雨」と「飴」の発話のサウンドエディター

　図7-4の状態でサウンドエディターの上部メニュー［File］を選択すると、下記のDrawから始まるコマンドが表示されます。

① ［Draw visible sound...］

② ［Draw selected sound...］

③ ［Draw visible TextGrid...］

④ ［Draw visible sound and TextGrid...］

　①と②は、波形のみが出力されます。①では、サウンドエディター上で「見えている」部分が出力されます（③、④も同様です）。エディター上で選択されている時間的範囲ではなく画面上で見えている範囲であることがポイントです。②は、サウンドエディター上で任意の範囲が選択されている状態の時に実行可能で、「選択されている」範囲が出力されます。このコマンドは（図7-4の画面のように）時間的範囲が選択されていない場合（時刻が選択されている場合）は実行できません。③はテキストグリッドのみを出力し、④は波形とテキストグリッドの両方が出力されます。

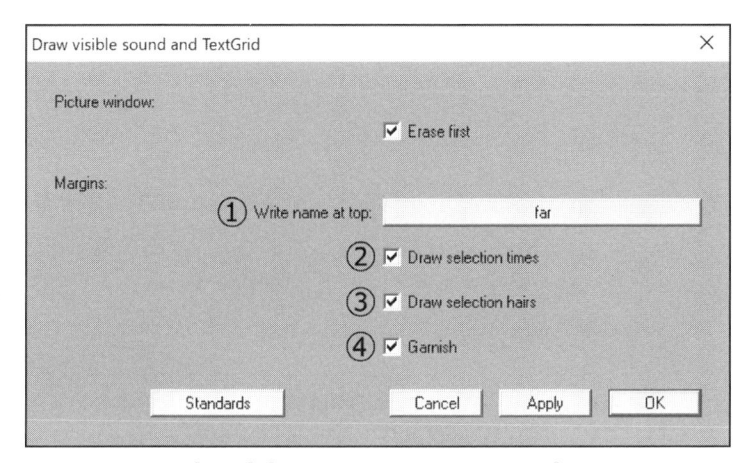

[図7-5] [Draw visible sound and TextGrid...]

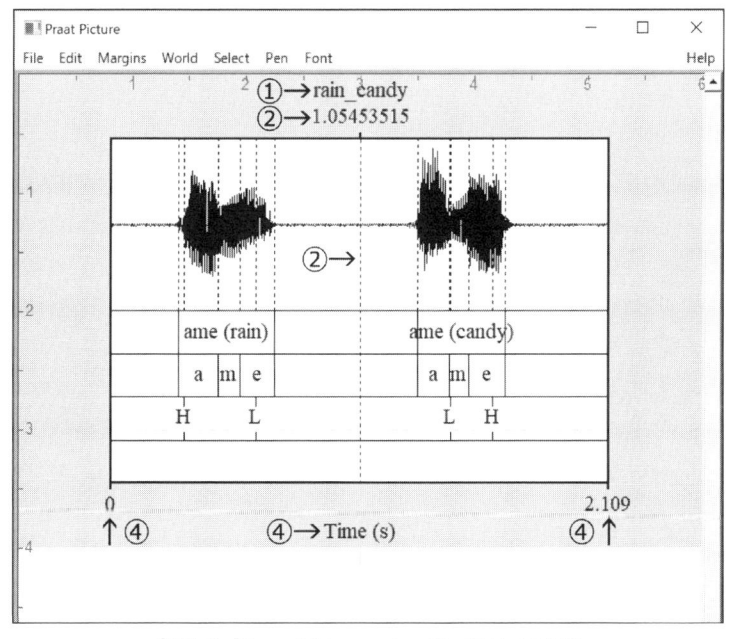

[図7-6] [Draw visible sound and TextGrid...]の結果

④の［Draw visible sound and TextGrid...］を実行すると、図7-5のような小さなウィンドウが表示されます。全て初期値のまま実行した結果が図7-6です。

- Erase first: チェックが入っている場合、ピクチャーウィンドウの描画内容を消去します（ピクチャーウィンドウで［Edit］→［Erase all］をした場合と同様です）。チェックが外れている場合は、ピクチャーウィンドウで選択されている範囲に上から重ねて描画します（詳細は7.5節）。
- Write name at top（図7-5、6の①）：オブジェクトの名前の出力に関する設定。no は出力なし、far（遠く）、near（近く）は出力する場合の位置の設定です。
- Draw selection times（図7-5、6の②）：チェックが入っていると、サウンドエディター上で時刻が選択されている場合、その時刻が点線と数値で出力されます。
- Draw selection hairs: チェックが入っていると、サウンドエディター上で時間的な範囲が選択されている場合に、その始端と終端の時刻がそれぞれ点線と数値で出力されます（図7-6では図7-4で時刻が選択されているため出力されていません）。
- Garnish（図7-5、6の④）：余白の内容を出力するか否かの設定です。チェックを外すと出力されません。

　サウンドエディター上部メニューの［Spectrum］、［Pitch］、［Intensity］、［Formant］、［Pulses］内の、［Draw］または［Paint］から始まるコマンドを実行することで波形とテキストグリッド以外の内容を出力することもできます。ただし、サウンドエディターからの出力では、［Draw visible pitch contour and TextGrid］（ピッチ曲線とテキストグリッドを描画する）を除き、複数の内容を一度に出力することは出来ません。
　また、サウンドエディターからの出力では、Box7-1 のようなエラーメッセージが表示されることがあります。

```
No intensity contour is visible.
First choose "Show intensity" from the intensity menu.
```

［Box7-1]［Draw]実行時に表示されるエラー（一部）の例

　このようなエラーは、出力しようとした内容がサウンドエディター上で表示されていない場合に現れます。Box7-1 の例では、インテンシティーが表示

されていないために生じていますので、サウンドエディター上部メニュー
[Intensity] → [Show Intensity] で、Intensity 曲線を表示してから出力を実行
しましょう。

　ピクチャーウィンドウに出力される内容は、サウンドエディターでの表示
設定が引き継がれることにも注意が必要です。例えば、[Pitch] → [Pitch
setteing...] の Pitch range (Hz) が75.0 〜 300.0に設定されている場合は、出力
されるピッチの範囲 (下限・上限) も同様になります。

3　オブジェクトからの出力

第6章で作成した各種オブジェクトからの出力もできます。図7-7はPitchオ
ブジェクトを出力する例です。図のようにオブジェクトウィンドウで出力対
象のオブジェクトを選択すると右側のボタンに [Draw –] が出現します。い
くつかのコマンドが表示されますが、一番上の [Draw...] を選択すると図7-8

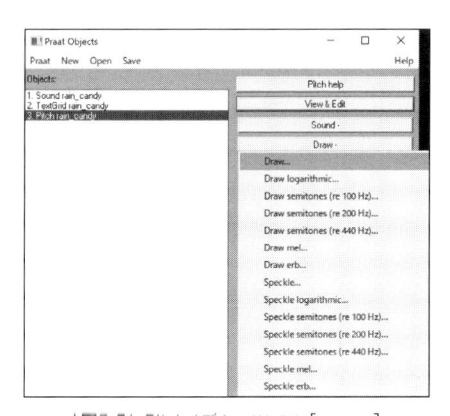

[図7-7] Pitchオブジェクトから[Draw...]

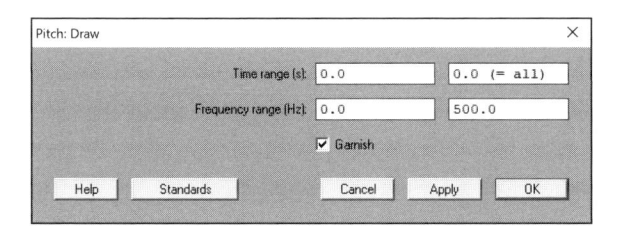

[図7-8] Pitchオブジェクトから[Draw...]の設定

のウィンドウが表示されます。

● Time range (s)：描画する時間的範囲を秒で指定
　　○左側の数値：始端時刻
　　○右側の数値：終端時刻。終端時刻を0.0に設定すると選択しているオ
　　　ブジェクト全体が出力されます。
● Frequency range (Hz)：出力するピッチの範囲をHz（ヘルツ）で指定
　　○左側の数値：出力するピッチの下限
　　○右側の数値：出力するピッチの上限
● Garnish: 余白の内容を出力するか否かの設定

　図7-7の状態から［Draw...］を初期値のまま実行した結果が、図7-9です。
ピッチ曲線と余白の内容が描画されていることがわかります。

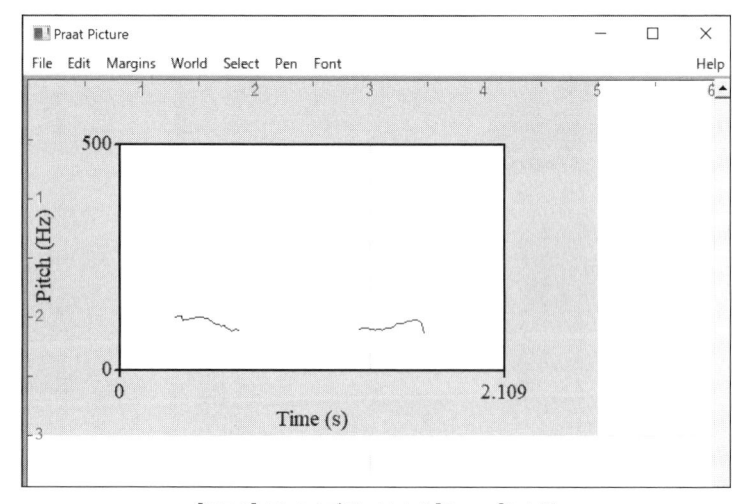

［図7-9］Pitchオブジェクトから［Draw...］した例

　サウンドエディターの場合と同様に、Sound + TextGrid や TextGrid + Pitch
などの一部の場合を除き、複数のオブジェクトを一度に［Draw］することは
出来ません。
　また、オブジェクトウィンドウからの［Draw］では、コマンド実行時に

Erase firstが設定値として存在しません。必要に応じて［Draw］を実行する前にピクチャーウィンドウで［Edit］→［Erase all］を実行して描画内容を消去するか、既に描画されている範囲と異なる範囲を設定した後にコマンドを実行しましょう。

4　見ばえの設定

ピクチャーウィンドウ内の上部メニューから設定することで描画内容の見ばえを指定できます。［Draw］コマンドを実行した後に変更することは出来ませんのでコマンドを実行する前に設定を行う必要があります。

ピクチャーウィンドウの上部メニューの［Pen］メニューから線の形状や色を選択できます。

● ［Line width...］：線の太さの設定
● ［Font］：フォント（文字）の大きさ、種類の設定。大きさは12 〜 24から選択することもできますし、［Font size...］で任意の値に設定することもできます。フォントの種類は用意されている4種類から選択できます。

図7-10に2つの例を示します。いずれの図も同一のPitchオブジェクトを描画した図で、ピッチウィンドウでの選択範囲の広さ、線の形状はSolid lineで共通していますが、線の太さ（［Line width...］）、色、フォントの設定が異なります。

左右の図の大きさが違いますが、これはフォントのサイズを変更したため

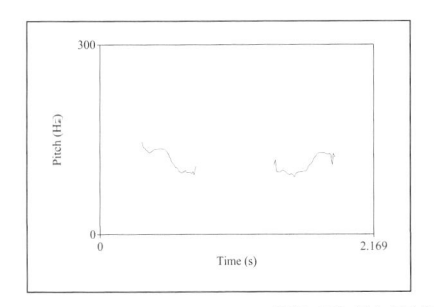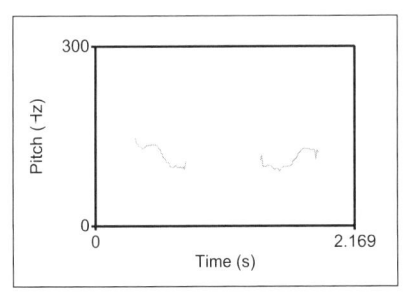

［図7-10］見た目を変更した図のサンプル
左の図: 太さ:1.0、色:Black、フォント: 14、Times
右の図: 太さ:3.5、色:Silver、フォント: 18、Helvetica

です。フォントを大きくすると、自動的に余白の幅が広がり、内側の描画範囲が狭くなります。[Line width...] で線の太さを変更すると、余白の線と文字も太くなります。余白の描画色は、どのような設定をしても Black(黒) になります。

5　重ねて描画する

　ピクチャーウィンドウへの描画は、次々に重ねて行うことができます。「1つの図に波形とピッチ曲線を描画する」というような機能としてあらかじめ用意されていない作図でも、少しずつ重ねて描画することで実現可能です。本節では、図7-11 を例に、重ねて描画する方法を紹介します。

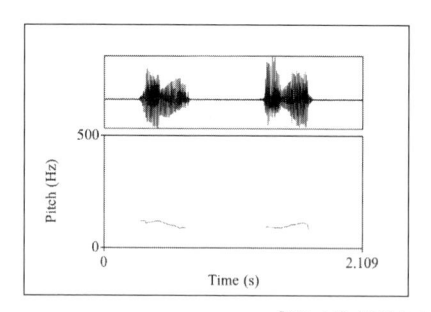 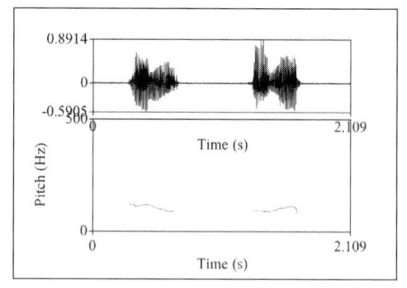

[図7-11] 波形とピッチ曲線を重ねた図

　複数の要素を描画すると、図7-11 (右図) のように余白の内容が重なって描画されてしまうことがあります。波形の余白を描画しないように設定することで図7-11 (左図) のような作図が可能です。以下に手順を示します。

①ピクチャーウィンドウで波形を描画する範囲を設定する
②オブジェクトウィンドウでSound オブジェクトを選択し、[Draw –] →
　[Draw...] →表示されるウィンドウの Garnish のチェックを外す→ [OK]
　→ピクチャーウィンドウに波形のみが描画される
③ピクチャーウィンドウ上部メニュー [Margins] → [Draw inner box] を実

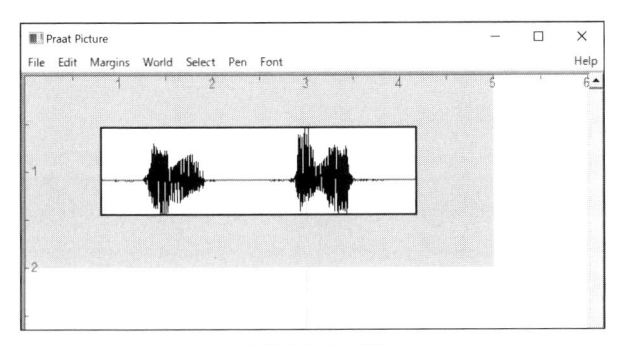

[図7-12] ①〜③

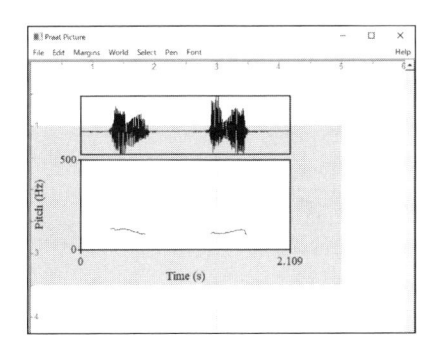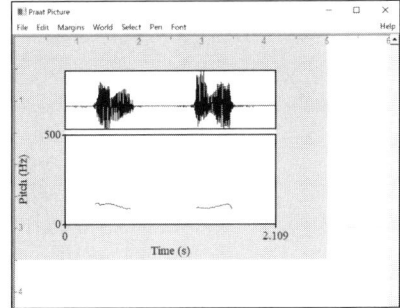

[図7-13] ⑥〜⑦

　行→波形を囲む枠が描画される→図7-12

④波形の下にピッチ曲線を描画する範囲を選択

⑤オブジェクトウィンドウでPitchオブジェクトを選択し、[Draw −] →
　[Draw...] → [OK](Garnishのチェックは入れたまま) → 図7-13 (左図)

⑥波形とピッチ曲線を範囲選択 (図7-13右図)

⑦ピクチャーウィンドウ上部メニュー [File] から画像として保存

　作業の途中で失敗した場合は、ピクチャーウィンドウ上部メニューの
[Edit] → [Undo (元に戻す)] を実行することで、1つ前の手順に戻ることが出
来ます (「やり直す」コマンドは存在しません)。

6 よくあるトラブル

6.1 描画した図の始端時刻が0にならない

図7-14は、Soundオブジェクトから［Draw...］の「Time range (s)」を0.28と0.7に指定して実行した結果です。図の始端時刻は0.28になっています。このようにオブジェクトの一部を出力した場合、その時間的選択範囲が始端・終端時刻として描画されます。始端を0にしたい場合は、出力対象の音声を抽出 (2.2節) した後に全体を出力すると良いでしょう。

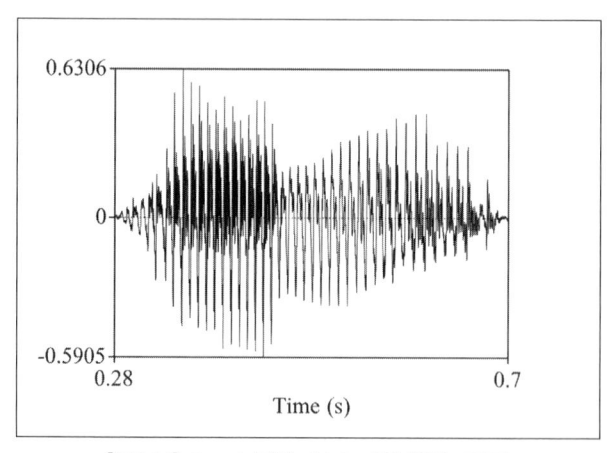

［図7-14］Soundオブジェクトの一部を選択して描画

6.2 Worldメニュー内のコマンドで描画される位置が思い通りにならない

［World］コマンドを実行し描画される位置は、最後に実行した［Draw...］コマンドの要素のスケールに変更されます。その結果、［World］コマンドの実行後に直感と合わない位置に描画されたり、コマンドを実行しても何も描画されないという事態が起こり得ます。

　［World］コマンド内の［Text...］と［Draw line...］を例に、スケールが変更されることを確認します。

　図7-15はPraat起動直後に以下の設定でコマンドを実行した結果です。

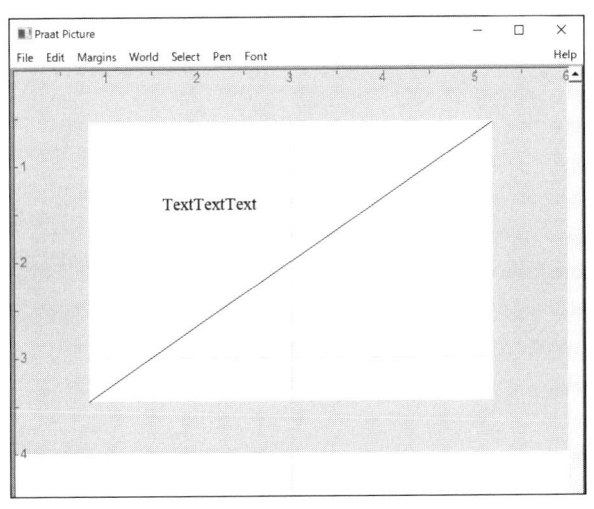

[図7-15] Praat起動直後に描画

[Text...]
- Horizontal position: 0.3
- Vertical position: 0.7

[Draw line...]
- From x: 0.0、From y: 0.0、To x: 1.0、To y: 1.0

[Draw...] コマンドを実行する前の範囲は、0.0 〜 1.0の間で表現されています。縦は下端が0.0で上端が1.0、横は左端が0.0で右端が1.0です。

次にPitchオブジェクトから [Draw...] を実行した後に、上記と同一の設定で [World] コマンドから文字と線の入力をした結果が図7-16 (左:全体図、右:0付近の拡大図) です。

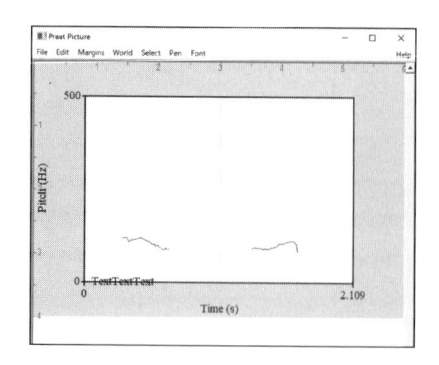

［図7-16］［Draw...］実行後に描画

　0付近に文字と線が描画されています。［Draw...］コマンド実行時の設定に合わせてピクチャーウィンドウ内の選択範囲のスケールが変更されたため、このように描画されるのです。

　この例で描画したPitchオブジェクトの長さ（時間）は、2.109秒です。このオブジェクトを［Draw...］するとピクチャーウィンドウ内の選択範囲は、左端が0.0、右端は2.109に変更されます。［Draw...］実行時に設定されたピッチの下限は0Hz、上限は500Hzです。ピクチャーウィンドウでは、下端が0.0、上端が500になります。このようにスケールが変更された状態で図7-15の設定（0.0〜1.0の範囲）で描画したことにより、図7-16のように縦軸も横軸も0付近に集中して描画されてしまったのです。

　図7-17は［Draw...］実行後の新しいスケールに合わせて以下の設定で文字と線を描画した例です。

［Text...］
- Horizontal position: 1.5
- Vertical position: 300

［Draw line...］
- From x: 0.0、From y: 400、To x: 2.0、To y: 150

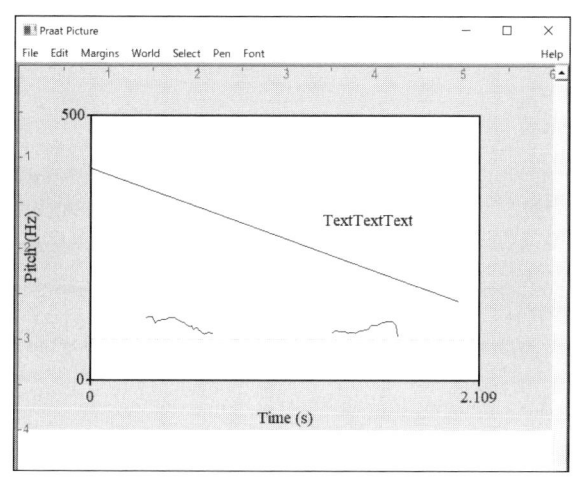

[図7-17] 設定値を変更して文字と線を描画

6.3 重ねて描画したオブジェクトが伸縮される

次の図7-18（左図）は、男性による「雨」の発話のPitchオブジェクトをGarnishのチェックを入れて[Draw...]コマンド実行して描画し、その上に（ピクチャーウィンドウで同じ範囲を選択した状態で）「青森のオレンジ」の女性による発話のPitchオブジェクトをGarnishのチェックを入れずに描画し重ねたものです。

　この図では、「青森のオレンジ」の曲線が時間的に圧縮されて描画されています。Garnishのチェックを入れて描画した「雨」のオブジェクトの時間長の0.5091秒（図の横軸の右端の数字）に合わせて「青森のオレンジ」の全範囲が描画されるため、このような図になります。

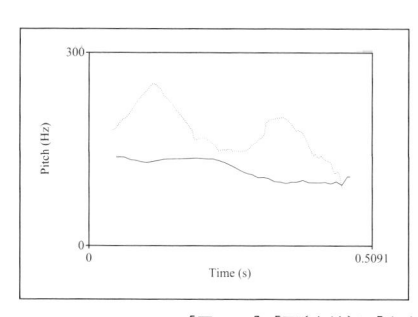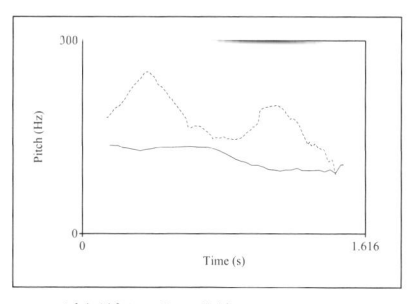

[図7-18]「雨（実線）」、「青森のオレンジ（点線）」のピッチ曲線

図7-18（左図）と逆の順で、「青森のオレンジ」、「雨」を同様の方法で描画したものが図7-18（右図）です。図7-18の2つの図の曲線は同様ですが今度は、「青森のオレンジ」のオブジェクトの時間長1.616秒に合わせて「雨」の全範囲が描画され、「雨」の曲線が時間的に伸長されています。

　これらの例で示すようにGarnishのチェックを入れて[Draw...]したオブジェクトの時間長が図に表示されます。異なる時間長のオブジェクトを同一の範囲に重ねて描画すると、Garnishのチェックなしで重ねて描画したオブジェクトは、その時間長に合わせて伸縮されて描画されることに注意が必要です。

　このような図を避け、精度の高い図を作成するためには、時間長の長いオブジェクトに長さ を揃えて描画すると良いでしょう。次の例では、以下の手順で「雨」のオブジェクトを「青森のオレンジ」のオブジェクトの時間長に揃えて描画します。

①「青森のオレンジ」と「雨」のオブジェクトの時間長を[Query]→[Query time domain]→[Get total duration]で調べ、差分を計算する
　「青森のオレンジ」：1.6158049886621315
　「雨」：0.5090702947845806
　差分：1.106734693877551
②差分の時間長の無音音声（付録を参照）を作成する
③「雨」のSoundオブジェクトに無音音声を［Concatenate］(2.2.1節) して連結する
④「青森のオレンジ」、「雨」＋「無音」を連結したSoundオブジェクトからPitchオブジェクトを生成する
⑤「青森のオレンジ」のPitchオブジェクトをGarnishのチェック有りで[Draw...]する
⑥「雨」＋「無音」連結のPitchオブジェクトをGarnish無しで[Draw...]→図7-19

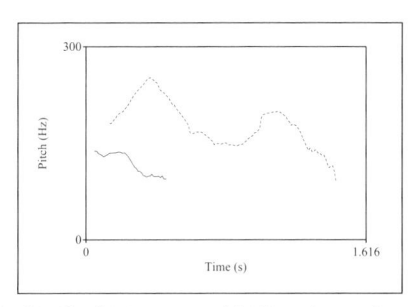

[図7-19]「雨（実線）」、「青森のオレンジ（点線）」の時間長を揃えたピッチ曲線
（Pitchの範囲（縦軸）は0Hz〜300Hzで描画）

7 音声学実習：ピクチャーウィンドウに描画

第7章では、ピクチャーウィンドウへの描画方法について学びました。最初は思ったような作図が難しいかも知れませんが、作業を重ねるうちにコツが掴めて来ると思います。以下の演習を行い、基本的なパターンの描画方法の確認をしましょう。

演習1 Sound (音声) と TextGrid オブジェクトをサウンドエディターで開き、7.2節の4つのパターンでピクチャーウィンドウで描画してみましょう。

演習2 描画する内容の見ばえを変更しましょう。ピクチャーウインドウでの選択範囲の設定を変えたり、線の太さや色を変更し (7.4節)、描画内容の見ばえが変わることを確認しましょう。

演習3 Sound (音声) と Pitch オブジェクトを用意し、7.5節の図7-11のような図を作成しましょう。

08 初歩的な 音声の合成と再合成
ManipulationEditorを使う

音声学の研究対象は、話し手が発した音声がどのような特徴を示すのかを探ることだけでなく、聞き手が音声言語をどのように知覚しているかを探ることも含まれます。後者のような音声知覚の研究では、人間による自然な発話を刺激材料に知覚実験が行われる場合もあれば、刺激の物理的特徴をより厳密に操作できる合成音声（コンピューターによって生成された音声）を刺激材料に用いる場合もあります。このような合成音声を制作する場合に問題となるのが、自然で人間らしく聞こえる音声にどこまで近づけることができるかということです。最近では市販のソフトなどを使って手軽に合成音声を作ることができますが、音声知覚実験に耐えうるような高品質の合成音声を作ることができるかどうかは疑問が残ります。

Praatには、音声をゼロから合成する機能がいくつか備わっています（音響パラメーターを指定するacoustic synthesis、調音運動を指定するarticulatory synthesis、テキストを入力して音声を合成するSpeechSynthesizerなど）。また、既存の音声からパラメーター（ピッチやスペクトルなどの特徴量）を抽出して、それを操作して再合成する機能も備わっています。音声の合成にはPSOLA（Pitch Synchronous OverLap and Add）という信号処理技術を使用しています（Moulines & Charpentier, 1990）。ここでは、音声合成の簡単な例として母音を合成するVowelEditor（母音エディターと呼ぶことにします）を紹介し、次に既存の音声のピッチや時間長をマウスで操作して再合成するManipulationEditor（Mエディターと呼ぶことにします）という機能について説明します。

1　母音エディターによる母音の合成

母音エディター（VowelEditor）は、画面に表示された母音空間図のどこかをクリックするとその場で母音を合成してくれる便利なプログラムです。

　オブジェクトウィンドウのメニューから、[New] → [Sound] → [Create Sound from VowelEditor...]（母音エディターで音を作る）を押します。すると図8-1のような画面が開きます。画面中央には音声記号（IPA記号）が配置された母音空間の平面図が表示されます。横軸が第2フォルマント（F2、左方向に値が上昇）、縦軸が第1フォルマント（F1、下方向に値が上昇）となっており、伝統的な調音的記述による母音空間図と類似した母音の配置になっています。なお、音声記

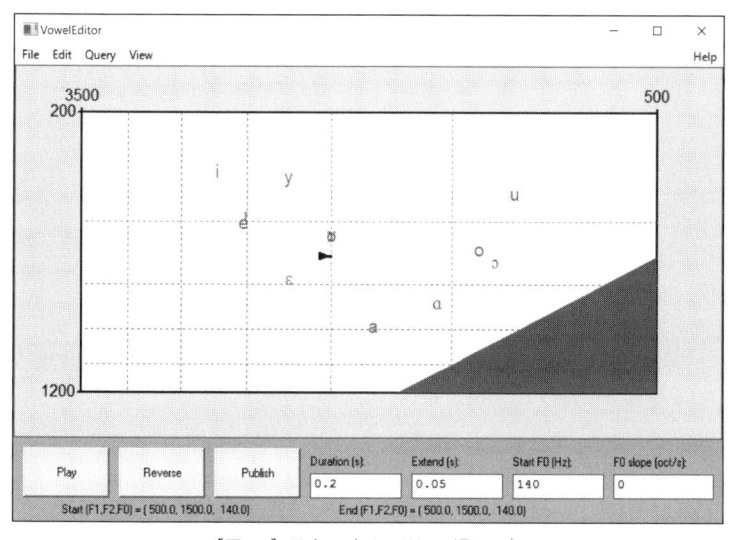

[図8-1]　母音エディター（VowelEditor）

```
The phonetic font is not available.
Several characters may not look correct.
See www.praat.org
```

[Box8-1]
音声記号フォントがインストールされていない時に現れるエラーメッセージ
（「音声記号フォントがないのでいくつかの文字が正しく表示されないかもしれない」という趣旨）

号フォントがコンピューターにインストールされていないと Box 8-1 のような
エラーが出ることがありますが、そのまま［OK］をクリックすると母音エ
ディターが現れます。

　この平面図の任意の場所でマウスボタンを押し下げて離すと、クリックし
た座標に対応する F1 と F2 の値を持ち、さらにマウスボタンを押し下げた時
間と同じ長さの母音が合成されます。また、マウスを任意の位置でクリック
してから画面下部の［Play］ボタンを押しても母音を合成することができま
す。その時の母音の長さを画面下部の Duration（持続時間）の欄で指定できま
す。さらに、マウスボタンを押し下げたままドラッグすると、その軌跡をな
ぞるように音色が変化する母音が合成されます。別の位置でマウスをクリッ
クまたはドラッグすると今まで描いた軌跡が消えて新しい軌跡を描くことが
できます。Shift キーを押しながらマウスをクリックまたはドラッグすると今
まで描いた軌跡をさらに延長することができます。

　画面下の［Reverse］ボタンは母音を逆再生、［Publish］ボタンは合成した
母音を Sound オブジェクトに出力します（オブジェクトウィンドウに新しいオブジェク
トが現れます）。Duration は合成した母音全体の持続時間、Extend は Shift キーで
軌跡を伸ばした時の「つなぎ」の部分の持続時間、Start F0 は開始点の F0（基
本周波数）、F0 slope はそこからの F0 の傾きを指定します。

　上記の他に、［Edit］メニューには、「Set F3 & F4...」(F3 と F4 を指定する)、
「New trajectory...」(新しい軌跡を数値で指定する)、「Shift trajectory...」(軌跡をずらす) と
いったコマンドがあります。

2　M エディターを使った音声の再合成

M エディター（Manipulation Editor）は、既存の音声のピッチ曲線と持続時間を画
面で操作できるエディターです。

　再合成したい Sound オブジェクトを選択し、右側のメニューから
［Manipulate］→［To Manipulation...］を押します（図8-2）。すると図8-3のよ
うな設定ウィンドウが開きます。通常は Pitch floor(ピッチの下限) や Pitch ceiling
(ピッチの上限) などの値はそのままで問題ありませんが、再合成する音声の特
徴に応じて必要であれば修正します。［OK］を押すとオブジェクトウィンド

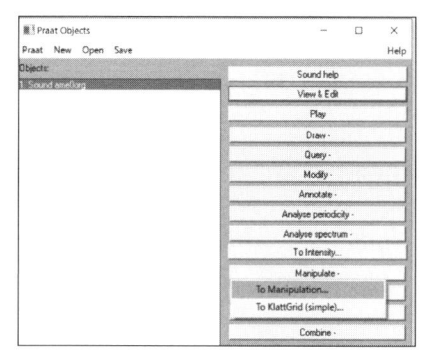

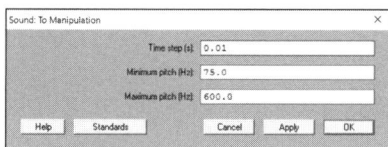

［図8-2］再合成の準備　　　　　　　　　　［図8-3］Mエディター設定画面

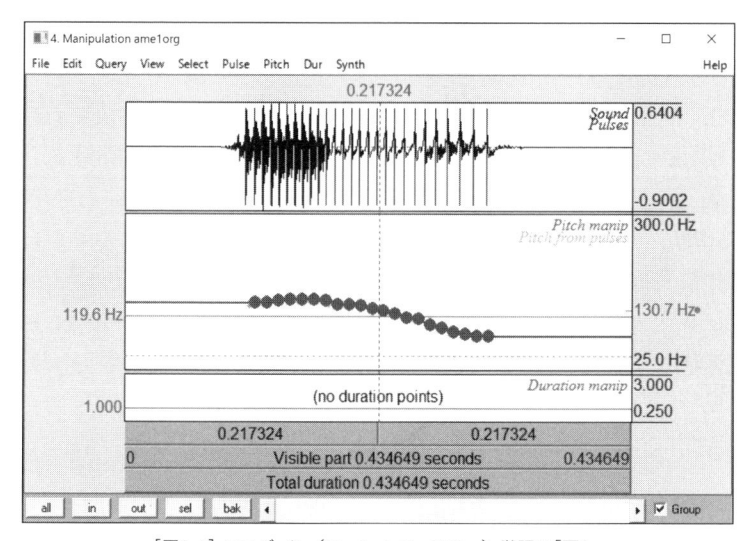

［図8-4］ Mエディター（ManipulationEditor）。単語は「雨」。

ウに「Manipulation オブジェクト名」といったオブジェクトが新たに作られ
ます。これを選択して［View & Edit］をクリックすると図8-4のようなMエ
ディターの画面が現れます。

Mエディターの画面上部には波形および波形の基本周期に合わせてパルスが
表示されます（右上にPulsesと書いてある部分）。中央にはピッチを操作するための

PitchTier (Pitch manipと書いてある部分)、下部には持続時間を操作するための DurationTier (Duration manipと書いてある部分) が表示されます。画面最下部の横長の長方形はサウンドエディターと同じような再生ボタンです。再生ボタンを押すと再合成した音声が再生されます。Mエディターを開いた時点ではピッチや持続時間を操作していないので原音声と同じに聞こえるはずです。ピッチや持続時間を操作した後に再生ボタンを押すとその操作が施された再合成音声が聞こえます。Shiftキーを押しながら再生ボタンを押すと操作前の原音声が聞こえます。

2.1 ピッチの操作

音声のピッチ曲線を操作するにはMエディター中央のPitchTierの緑のポイントを動かします。緑のポイントを1つクリックしてドラッグすればその点を動かすことができます。また、ある範囲を選択するとその範囲のポイントが赤くなるので、Shiftキーを押しながらドラッグすれば赤いポイントをまとめて動かせます。Mエディターの［Pitch］メニューには、緑のポイントを追加したり、削除したり、動かしたりするコマンドがあります。以下にそのいくつかを紹介します。

- ［Add pitch point at cursor］ PitchTierのカーソル位置 (横と縦の赤線が交差する点) にポイントを追加します。
- ［Add pitch point at time slice］ PitchTierのカーソル位置の時刻にポイントを追加します。
- ［Add pitch point at...］ 別ウィンドウで時刻 (Time) と周波数 (Frequency) を指定すると、そこにポイントを追加します。
- ［Remove pitch point(s)］ 選択したポイントを削除します。
- ［Set pitch dragging strategy...］ 緑のポイントをドラッグする方向を、縦横同時 (all)、横方向のみ (only horizontal)、縦方向のみ (only vertical)、ポイントが1つの場合は縦横同時、複数の場合は縦方向のみ (single all, multiple only vertical) から選択できます。
- ［Shift pitch frequencies...］ 別ウィンドウで周波数の値 (frequency shift) を指定すると選択したポイントにその値を加算します。正の値であればポイント

が上方向に移動し（ピッチが上がり）、負の値であればポイントが下方向に移動します（ピッチが下がります）。

● ［Multiply pitch frequencies...］　前項の［Shift pitch frequencies...］と似ていますが、周波数の値を足し算するのではなく掛け算します。別ウィンドウで倍率（factor）を指定します。その倍率が1.0より大きければ選択したポイントが上方向に移動し（ピッチが上がり）、小さければポイントが下方向に移動します（ピッチが下がります）。例えば、図8-4のピッチ曲線について、まず図8-5のようにピッチ曲線全体を選択して、次に［Multiply pitch

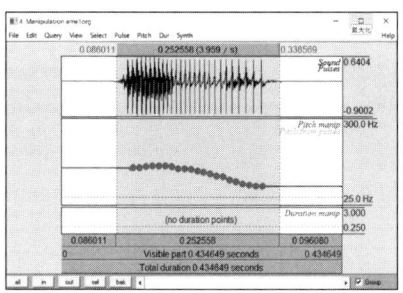

［図8-5］ピッチ曲線全体を選択　　　　　　［図8-6］ピッチ曲線全体を1.3倍に上げる

frequencies...］を選んで、factorを1.3にして［OK］を押すと、図8-6のような結果になります。ピッチ曲線全体の周波数の値が1.3倍になったのが分かります。

● ［Stylize pitch...］　別ウィンドウでピッチ曲線を簡略化する度合い（frequency resolution＝周波数解像度）を指定すると、ピッチ曲線が簡略化されます（ピッチ曲線の緑の点の数が減り、その間を直線で結びます）。Frequency resolution の値を小さくすると簡略化の度合いが小さくなります（点の数がそれほど減りません）が、値を大きくすると簡略化の度合いが大きくなります（点の数がより少なくなります）。例えば、図8-4のピッチ曲線に対して［Stylize pitch...］を選んで、frequency resolutionを初期値の2.0セミトーンのままにして［OK］を押すと図8-7のように、frequency resolutionを0.8セミトーンに変えてから［OK］を押すと図8-8のようになります。両者では残った点の数が違うのが分かります。

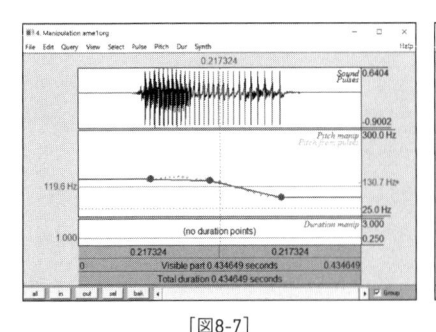
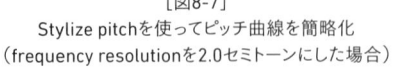
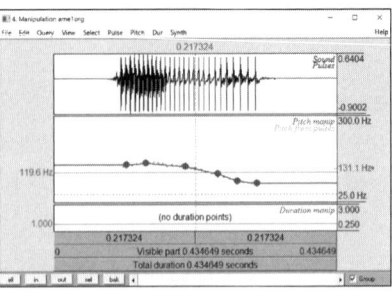

[図8-7]
Stylize pitchを使ってピッチ曲線を簡略化
（frequency resolutionを2.0セミトーンにした場合）

[図8-8]
Stylize pitchを使ってピッチ曲線を簡略化
（frequency resolutionを0.8セミトーンにした場合）

Frequency resolutionの単位はセミトーン（semitone）とヘルツ（Hz）のいずれかで指定できます（セミトーンについては第11章p.158参照）。このStylize pitchという機能は、ピッチ曲線の全体的な形を変えたい場合（例えばアクセント型を頭高型から平板型に変える、あるいはイントネーションを下降調から上昇調に変えるなど）、緑の点の数が多すぎて煩わしい時に使うと便利です。

● [Stylize pitch (2 st)] 前項と同じですが、2.0セミトーンで簡略化します。

2.2 持続時間の操作

MエディターのDurationTierを使って音声の持続時間を操作することで、発話速度を全体的に変化させたり、より局所的に特定の音の長さを伸縮させたりすることができます。DurationTierの縦軸は、持続時間の倍率を示します。Mエディターを起動した時点ではDurationTierには何も入っていませんが、緑の点を追加することで持続時間の倍率を指定することができます。Mエディターの [Dur] メニューには、[Pitch] メニューのコマンドと同様に以下のようなコマンドがあります。

● [Add duration point at cursor] DurationTierのカーソル位置（横と縦の赤線が交差する点）にポイントを追加します。

● [Add duration point at...] 別ウィンドウで時刻（Time）と倍率（Relative duration）を指定すると、そこにポイントを追加します。

●［Remove duration point (s)］　選択したポイントを削除します。

　DurationTierに点を1つ追加すると、その点を通る水平な線が描かれます。図8-9のようにこの点が倍率1.0の位置に置かれていれば、音声全体が原音声の1.0倍（つまり原音声と同じ速度）で再生されます。もしこの点が1.0より高い値に置かれていれば音声全体が原音声より遅い速度で再生され（図8-10）、1.0より低い値に置かれていれば音声全体が原音声より速い速度で再生されます。

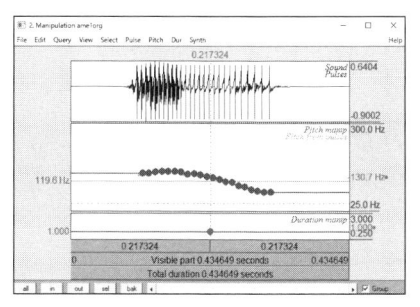
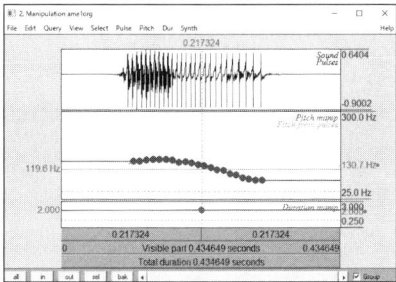

［図8-9］
DurationTierに倍率1.0のポイントを追加

［図8-10］
DurationTierに倍率2.0のポイントを追加

　音声全体ではなく一部分の持続時間を伸縮させたい場合（例えば特定の音あるいは単語の持続時間を操作したい場合）、図8-11のように当該区間のみ倍率が1.0以外になるように緑のポイントを複数配置します。まったく同じ時刻に2つのポイントを置くことができないので、左側の2点と右側の2点はそれぞれわずかにずれています。例えば左側の1点目を時刻0.173030、倍率1.0に、2点目を時刻0.173031、倍率2.0に置き、両者を0.000001秒だけずらします。同様に、例えば3点目を時刻0.256876、倍率2.0に、4点目を時刻0.256877、倍率1.0に置きます（図8-12参照）。

　再合成した音声をSoundオブジェクトに書き出すには、［File］→［Publish resynthesis］（再合成音声を出力する）を押します。このSoundオブジェクトをWAV形式などの音声ファイルに保存すれば、再合成した音声を知覚実験で利用したりPraat以外のソフトで再生したりすることができます。

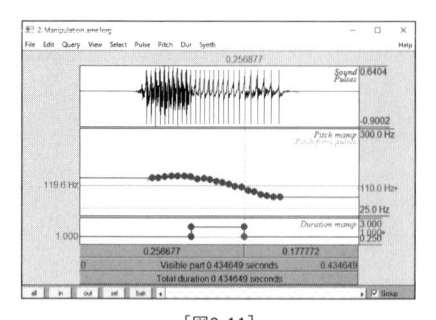
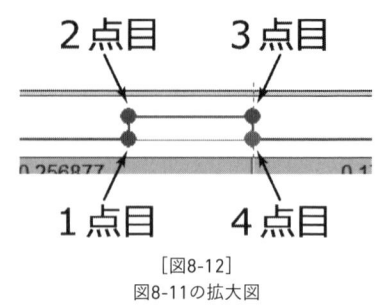

[図8-11]
持続時間の局所的な倍率変更。
「雨」の/m/を2.0倍に伸長。

[図8-12]
図8-11の拡大図

3 音声学実習A：音声のピッチを変えてみる

Mエディターを使って声の高さや抑揚 (声の上げ下げ) のパターンを操作してみ
ましょう。

演習1 録音した声の高さを変えてみましょう。
単語や短文を録音して、Mエディターを使って全体の声を少し高
くした音声や低くした音声を再合成してみましょう。

▶解答例
Mエディターを使って発話全体のピッチを上下させるには、[Shift pitch
frequencies...] または [Multiply pitch frequencies...] を使うと便利です。
ピッチ曲線に対して指定した値を足し算する場合はShift、掛け算する場合
はMultiplyを使います。どちらも似ていますが、Shiftの場合はピッチを上
下させてもピッチレンジ (ピッチ曲線の最大値と最小値の差) が変わらないのに対
して、Multiplyの場合はピッチレンジが変化します (ピッチを上げるとレンジが
拡大し、下げると縮小します)。どちらが適切かは目的にもよりますが、人間の聴
覚特性が対数的であることを考えると、特段の理由がない限りはMultiply
を使うのが無難かもしれません。
　[Multiply pitch frequencies...] を使って「雨」のピッチを1.3倍に上げた
例を図8.6に示しました。

Mエディターでピッチを操作できる範囲に理論上の制限はありませんが、原音声のピッチから離れれば離れるほど再合成された音声が不自然に聞こえる可能性が高くなります。再合成音声を知覚実験などで利用する場合は、音声の質が劣化していないかを実験参加者に評定してもらうなどしてチェックするのが望ましいでしょう。

演習2　録音した声の上げ下げのパターンを変えてみましょう。
　　　こんどは録音した発話のアクセントやイントネーションを操作してみましょう。

①アクセントを変えてみましょう。

▶①解答例
　録音した単語のアクセント型を別のアクセント型に変えるには、まず［Stylize pitch...］などを使ってピッチ曲線を簡略化します。その後、緑のポイントを上下左右に移動させたり、必要に応じてポイントを追加したり削除したりして目標としているアクセント型に聞こえるようにピッチ曲線を修正します。場合によっては個々の音の持続時間を操作するとよいかもしれません (8.2.2節参照)。また、参考として目標としているアクセント型の自然発話を録音して、そのピッチ曲線を見ながら修正すると効果的かもしれません。

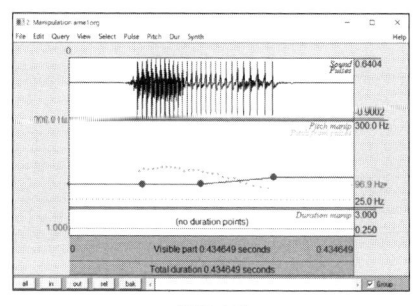

［図8-13］
アクセント型を「雨」から「飴」に修正

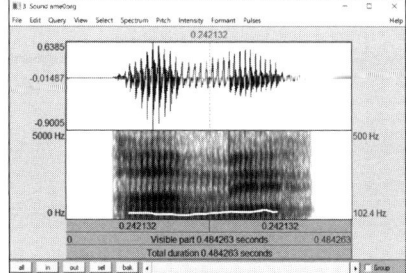

［図8-14］
「飴」の自然発話

具体例として、図8-4の「雨」(頭高型) を「飴」(平板型) に聞こえるように修正したピッチ曲線を図8-13に、その時に参考にした自然発話の「飴」を図8-14に示します (ピッチ曲線を見やすくするために白い線でなぞってあります)。

②イントネーションを変えてみましょう。

▶②解答例
　イントネーションには色々な現象が含まれますが、例えば下降調のピッチ曲線を上昇調に修正して平叙文の発話が疑問文に聞こえるようにすることも可能です。
　また、発話全体のピッチレンジを拡大したり縮小したりすることで、原音声に比べて抑揚が大きいまたは小さい音声を再合成することも可能です。図8-16は、「そうですか」という発話のピッチレンジを2倍に変えたときのMエディターの画面です。このようなピッチ曲線を作るには次のような手順で行います。

①まず準備として、原音声のピッチ曲線の周波数の平均値を取得します。原音声をサウンドエディターで開いて、発話全体を選択してから［Pitch］→［Get pitch］を選ぶとインフォウィンドウに平均値が表示されます。この平均値を後で使うので控えておきます。

②原音声の.Manipulationオブジェクトを作ってMエディターで開きます (図8-15)。次に、ピッチ曲線全体を選択して、［Multiply pitch frequencies...］を開いてfactorを2.0と入力してから［OK］を押します。すると音声全体の周波数が原音声の2倍になり、結果としてピッチ曲線全体の平均値とピッチレンジが原音声の2倍になります。

③ピッチ曲線全体の周波数の平均値を原音声の平均値に戻します。そのためには［Shift pitch frequencies...］を開いてfrequency shiftを「マイナス原音声の平均値」とします。例えば原音声のピッチの平均値が150Hzだったらfrequency shiftを「−150」と指定します。すると2倍になっていたピッチの平均値が原音声の平均値に戻ります。結果として、ピッチ曲線全体の平均値は原音声と同じなのにピッチレンジが2倍の音声を再合成することができます (図8-16)。

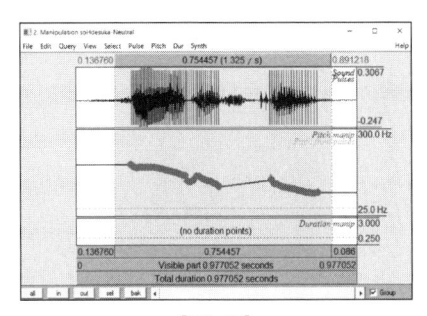
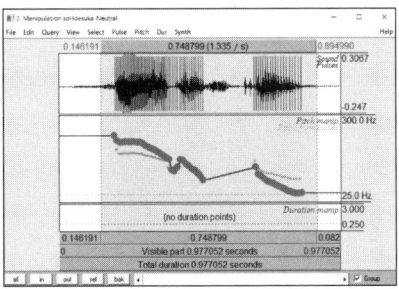

[図8-15]
「そうですか」の原音声

[図8-16]
原音声のピッチレンジを2倍に操作

　このような操作はピッチの値を大きく変化させるので音声の自然性が損なわれる可能性がありますが、試験的に合成してみるのには有用な方法かもしれません。実際に、上記とは別の手法ではありますが、音声の抑揚（ピッチレンジ）の大きさが異なる音声を合成し、それを刺激とする知覚実験を行って、抑揚の大きさが話し手の性格印象にどのような影響を与えるのかを検討した研究もあります（内田、2005）。

4　音声学実習B：音声の持続時間を変えてみる

Mエディターを使って音声の全体的な速度あるいは一部の音の長さを操作してみましょう。

演習1　録音した音声のスピードを変えてみましょう。

▶解答例
　Mエディターを使って音声全体のスピード（発話速度）を容易に操作することができます。DurationTierに緑の点を1つ追加して、その点の倍率を任意の値にすれば、音声全体が一様にその倍率で再合成されます。オブジェクト全体が伸縮しますので、音声以外の無音部分なども同じ倍率で伸縮します。発話速度を色々と変えてみて音声の印象がどのように変化するか試してみましょう。実際に、音声の発話速度が異なる音声を合成し、それを刺

激とした知覚実験を行って、発話速度と性格印象との関係を検討した研究もあります (内田、2002)。

演習2　単語や句の一部の子音や母音の長さを変えてみましょう。

▶解答例

図8-11で示したように、DurationTierで持続時間を箱型に指定すれば、持続時間をより細かく操作できるので、特定の箇所だけ伸縮したり、伸ばす部分と縮める部分を組み合わせることもできます。

　日本語は母音あるいは子音の長短のみによって単語を区別することができます。したがって、例えば「角」/kado/ の /o/ を伸ばして「華道」/kadoo/を再合成したり、「肩」/kata/ の /t/ の無音部分を伸ばして「勝った」/katta/を再合成したりすることが可能です。

　子音や母音の長さは単語の区別だけでなく単語を強調するときにも使われます。例えば「すごくおいしい」を「すごーくおいしい」や「すっごくおいしい」と表現することがあります。このような音声もMエディターで合成できるかもしれません。いろいろと試してみましょう。

参考文献

Moulines, E. & Charpentier, F. (1990). Pitch-synchronous waveform processing techniques for text-to-speech synthesis using diphones. *Speech Communication*, 9, 453–467.

内田照久 (2002)「音声の発話速度が話者の性格印象に与える影響」『心理学研究』73、131–139.

内田照久 (2005)「音声中の抑揚の大きさと変化パターンが話者の性格印象に与える影響」『心理学研究』76、382–390.

09 音声知覚実験(1)
実験構築の基礎

Praatでは、実験シナリオをテキストファイルで編集することで簡単な音声実験を実施することもできます。この機能は、Praatと実験シナリオファイル、音声ファイルがあればどのコンピューターでも実行可能です。この章では主に実験の実施方法と、実験ファイルの記述方法について項目毎に解説します。Praatでの実験構築の基礎を把握するのが目標です。実践的で記述が複雑な実験について、そして、実験結果の分析用のデータ加工については、第13章で扱います。

　本書では、紙面の都合もあり、第13章も合わせて主に同定実験に絞って解説をします。弁別実験など他にPraatで実施可能な実験のサンプルはサポートサイトにサンプルファイルを用意しましたので、興味関心に合わせて利用してみてください。

　音声を使用した実験手法は様々ですが、Praatではマニュアルにあるテンプレートに沿った実験のみが構築可能です。本書執筆時のPraatのバージョンでは、実験画面の配色、表示されるテキストの位置などは固定されており変更できません。また、回答に対してフィードバックを与えたり、実験を分岐させたりという複雑な制御を伴う実験についてもテンプレートが存在しないため実現できません。実験インターフェイスを工夫したり、実験内の参加者の回答をきっかけにその後の内容が変化するような実験にはPraatは不向きですので心理実験用のソフトウェアの使用を検討してください。

1 実験の実施

最初に実験を実施し、全体的な実験の流れを確認しましょう。まず、サポートサイトの「実験ファイルのサンプル」から実験のサンプルファイル「experiment_sample.zip」ダウンロードし、zipファイルの解凍を行いましょう。解凍後に出来た「experiment_sample」というフォルダの中には、拡張子が「.txt」のいくつかのサンプル実験ファイルとそれらの実験で呈示する音声ファイルが含まれた「Sounds」フォルダーがあります。ここでは、同定実験のサンプルを実行します。オブジェクトウィンドウのOpenから「ident.txt」を読み込みましょう。すると、図9-1のようにExperimentMFCというオブジェクトとして読み込まれます。読み込み時にエラーが表示される場合は、9.2節を参照して下さい。

図9-1のようにオブジェクトウィンドウで実験ファイルが選択された状態で、右側のメニューの［Run］(実行) ボタンをクリックすると「雨」と「飴」の音声が聞こえてくる実験が始まりますので4つの試行を実施しましょう。「実験が終了しました。ご協力ありがとうございました。」という画面が表示されると実験の完了です。表示されているウィンドウを閉じましょう。

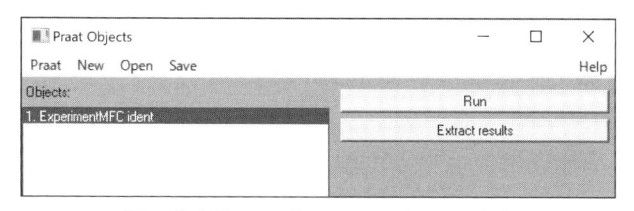

[図9-1] 実験ファイル「ident.txt」が読みまれた状態

オブジェクトウィンドウに戻り、右側のメニューから［Extract results］(結果を出力) ボタンをクリックすると、図9-2 (左) のように「ResultsMFC ident」というオブジェクトが出現します。その状態で、右側のメニューの［Collect to Table］(結果をテーブルに) を選択すると図9-2 (右図) のように「Table allResults」というオブジェクトが生成されます。

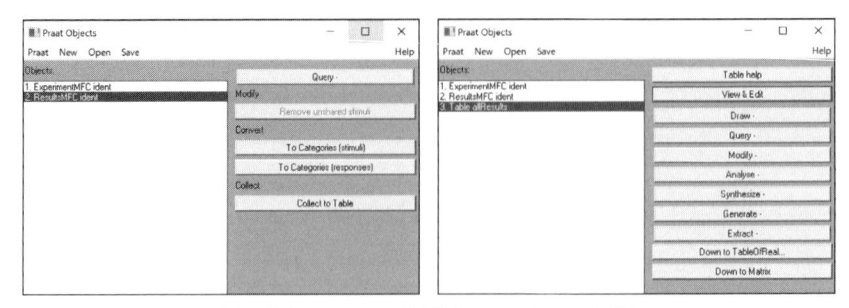

[図9-2]「ResultsMFC」(左)、「Table allResults」(右)

row	1 subject	2 stimulus	3 response	4 reactionTime
1	ident	ame0syn2	飴	1.3281162999992375
2	ident	ame0syn1	飴	1.6829887999992934
3	ident	ame0syn9	雨	0.6724923000001581
4	ident	ame0syn8	雨	0.8657161000010092

[図9-3]「Table allResults」を[View & Edit]した状態

　この「Table allResults」オブジェクトを選択した状態で、右側のメニューの［View & Edit］ボタンをクリックすると、図9-3のように実験の結果が表の形式で表示されます（表示されるだけで編集はできません）。

　この表でsubjectの列に表示されているのは、実験ファイルの名前（この例の場合「ident」）であり、「被験者」は意味しないことに注意が必要です。「stimulus」の列に表示されているのは該当の試行で提示された音声ファイルの名前です。「response」の列に各試行でどの反応ボタンが選択されたかが表示されます。「reactionTime」の列には、反応時間が表示されますが、Praatの作者らもこの値の精度は保証していませんので、数値は参考値程度と考えましょう。

　図9-4のように「Table allResults」が選択された状態で、［Save］メニューから［Save as tab-separated file...］で保存するとタブ区切りのテキストファイルとして実験の結果を保存できます。このファイルのExcelでの使用例については、第13章で解説します。

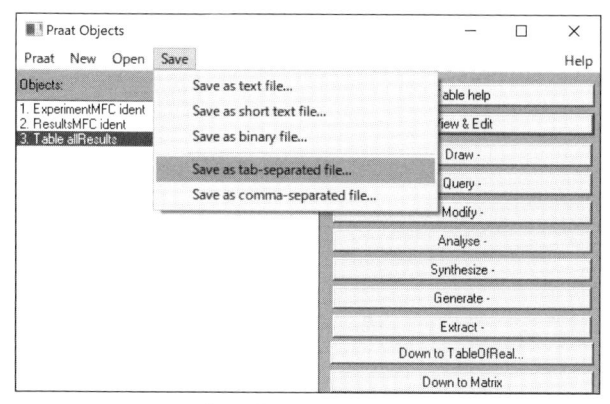

[図9-4] 実験結果の保存

2　実験ファイルの内容

Praatでの実験構築は、マニュアルの記述を編集して行います[1]。このマニュアルの記述方式は、スクリプトのようにも見えますが、スクリプトのように自由な記述はできません。実験ファイルはシナリオのような物で、実験に必要な項目をテンプレートに合わせて上から順番通りに設定する必要があります。GUIは用意されていませんので、「メモ帳」などのテキストエディターを使用して実験構築をしましょう。

　本節では、9.1節で実行したサンプル実験の「ident.txt」の内容をいくつかに区切って、マニュアルでの記述内容、編集方法を順に解説します。

```
"ooTextFile"
"ExperimentMFC 7"
blankWhilePlaying? <no>
stimuliAreSounds? <yes>
```

[Box9-1] 最初の4行

　Box9-1の1行目は、固定値です。2行目は、実験ファイルのフォーマットのバージョンを示しています。古い実験ファイルでは、「ExperimentMFC 6」などと記述されています。

3行目は、各試行での反応ボタンの表示に関する設定で、<yes> または <no> で指定します。<yes> に設定すると、音声の呈示後に反応ボタンが表示されます（音声の呈示中は、灰色の画面になります）。<no> に設定すると、試行の開始と共に反応ボタンが表示されます。

　4行目は <yes> が固定値であると考えましょう[2]。

```
stimulusFileNameHead = "Sounds/"
stimulusFileNameTail = ".wav"
stimulusCarrierBefore = ""
stimulusCarrierAfter = ""
```

[Box9-2] 5行目〜8行目

　Box9-2の1行目は、実験に使用する音声ファイルが存在するフォルダの指定です。実験ファイルからの相対パスで指定します。サンプルの実験、「ident」の場合、「ident.txt」と同じフォルダ内に Sounds というフォルダがあり、その中に必要な音声ファイルが格納されています。

　2行目ではドット「.」の後に実験で使用する音声ファイルのフォーマット（拡張子）を指定します。

　3〜4行目は、キャリア文に関する設定です。各試行で呈示される音声の前（3行目）、後（4行目）で再生される音声ファイルを指定します。不要な場合は Box9-2 のようにファイル名の欄を空にして（ダブルコーテーションを2つ連続）記述します。Box9-2のマニュアルでの記述は、次の Box9-3 のようになっています。

```
stimulusCarrierBefore = "weSayTheWord"
stimulusCarrierAfter = "again"
```

[Box9-3] マニュアルでの記述

　マニュアルの記述の場合、実験の各試行では、「weSayTheWord.wav」→音声リスト（後述）で設定した音声→「again.wav」の順で音声が再生されることになります。

この機能を使用する場合は、Box9-2で記述した「stimulusFileNameHead」の設定値のフォルダ内に「weSayTheWord.wav」と「again.wav」が必要です。
　次の Box9-4は、各試行内で無音になる時間に関する設定です。

```
stimulusInitialSilenceDuration = 0.5 seconds
stimulusMedialSilenceDuration = 0 second
stimulusFinalSilenceDuration = 1
```

[Box9-4] 無音になる時間帯の設定

　Box9-4の1行目は、各試行の音声刺激の呈示前、3行目は呈示後の無音の時間を秒で指定します。2行目は、1つの試行内で複数の音声刺激を呈示する場合の刺激間の無音時間を設定します。刺激間の時間間隔 (ISI: inter stimulus interval) の設定と考えると良いでしょう。ここでの設定は、「=」の後に数字が記述されていることのみが重要で、この数字は秒を単位としたものとして解釈されます。1行目と2行目ではそれぞれ「秒」という単位が文字で記述されていますが、3行目のように単位の記述はなくても構いません。また、2 minutes と記述したとしても、数字の部分のみが解釈されますので、この場合は2分ではなく2秒として解釈されます。
　Box9-5は、各試行で呈示される音声の具体的な指定をしている部分です。

```
numberOfDifferentStimuli = 4
  "ame0syn1" ""
  "ame0syn2" ""
  "ame0syn8" ""
  "amo0oyn9" ""
numberOfReplicationsPerStimulus = 1
```

[Box9-5] 試行リスト

　この部分の記述は「試行リスト」です。Box9-5の1行目には、刺激として呈示される音声ファイルの数を記述します。2行目から5行目までは「音声リスト」で、ここに呈示する音声ファイルを記述します。2組あるダブルコー

テンションの左側に音声ファイルの名前を拡張子がない形で記入し、右側は空にしておきます。

2行目の記述の場合、「ame0syn1」という名前の音声ファイルが指定されています。この記述の場合、1行目に音声の数が4と指定され、2行目以降に音声リストとして、ame0syn1、ame0syn2、ame0syn8、ame0syn9という4つの音声ファイルが記入されています。

6行目は、「音声リスト」の繰り返しの回数です。1行目の音声の数×6行目の繰り返しの回数の値が、実験全体での試行数となります。この設定を3に指定すると4 (音声) × 3 (繰り返し) = 12試行が呈示されます。「ident」では、値が1に設定されており、実験中に音声リストの各音声が一度ずつ呈示されます。

Box9-6は、休憩とランダマイズについて記述している部分です。

```
breakAfterEvery = 2
randomize = <PermuteBalancedNoDoublets>
```

[Box9-6] 休憩とランダマイズに関する記述

Box9-6の1行目に記入した値の試行毎に休憩のタイミングとしてメッセージが出現します。この記述では、2に設定されており2試行毎に休憩のメッセージが表示されます。値を0にすると休憩無しの実験になります。2行目は、音声の呈示順のランダム化の設定です。ランダム化せず「音声リスト」の順通りに呈示する場合は、Box9-7の記述します。

```
randomize = <CyclicNonRandom>
```

[Box9-7] リストの順番通りに提示する場合

ランダム化し、さらに同一の音声を複数回呈示する場合 (Box9-5のnumberOfReplicationsPerStimulus の指定が2以上の場合) に、同一の音声が連続して呈示されないようにするには、次のBox9-8ように記述します。

```
randomize = <PermuteBalancedNoDoublets>
```

　通常の音声実験の場合、この設定が無難と言えるかも知れません。これら
の方法以外にも数種類の設定が可能です[3]。
　Box9-9 は、実験内に表示されるテキスト（文字）の設定です。

```
startText = "ヘッドホンから聞こえた単語が
画面に表示された単語のどちらに聞こえたか答えてください。

クリックして実験を始めてください。"
runText = "どちらの単語に聞こえたか答えてください。"
pauseText = "休憩です。再開するにはクリックしてください"
endText = "実験が終了しました。
ご協力ありがとうございました。"
```

　次の各項目の「=」の後のダブルコーテーションの中に表示するテキスト
を記入します。
- ● startText: 実験開始時に表示されるテキスト
- ● runText: 各試行で画面上部に表示されるテキスト
- ● pauseText: 休憩の時に表示されるテキスト
- ● endText: 実験終了後に表示されるテキスト

　ここからの記述は、実験の各試行で画面に表示されるボタンに関する設定
です。

```
maximumNumberOfReplays = 3
replayButton = 0.85 0.95 0.8 0.9 "Replay" "r"
```

Box9-10はリプレイ（繰り返し再生）に関する設定です。1行目にリプレイ可能な回数を指定します。この機能を使用しない場合（画面にリプレイボタンを表示しない場合）は0に設定します。

2行目はリプレイを使用する時に表示されるボタンに関する設定です。最初の4つの数字は、ボタンの配置の設定値です。左・右・下・上の順で記述します。数値は、左右（左端: 0.0、右端:1.0）、上下（下端: 0.0、上端: 1.0）とした0.0〜1.0の範囲の相対値で指定します。1つ目のダブルコーテーションの中にはボタンのラベルを記述し、2つ目のダブルコーテーションの中にはキーボード操作時の反応キーを指定します。

Box9-10での記述では、ウィンドウの左右の85%の位置にボタンの左端、95%の位置にボタンの右端、上下の80%の位置にボタンの下端、90%の位置にボタンの上端が設定され、ウィンドウの右上に「Replay」と表示されたボタンが表示されます。このボタンをクリックまたは、キーボードで「r」キーを押すことにより、各試行で呈示された音声が再び再生されます。リプレイが上限回数の3回に達すると、ウィンドウからボタンは消えます。

Box9-11の1行目は、「回答確定ボタン」の設定、2行目は「1試行前に戻るボタン」の設定です。

```
okButton = 0 0 0 0 "" ""
oopsButton = 0 0 0 0 "" ""
```

[Box9-11] 他のボタンの設定

これらのボタンの記述の方法はリプレイボタンの場合と同様です。サンプルの「ident」の実験のようにBox9-11の記述を行うと、このボタンを表示しない設定になります。Box9-12は、「回答確定ボタン（okButton）」を使用する場合の記述例です。

```
okButton = 0.4 0.6 0.1 0.2 "OK" ""
```

[Box9-12]「回答確定ボタン」使用時の記述例

Box9-12の記述を行うと、各試行で反応ボタンを選択した後に、「OK」と表示されたボタンが出現するようになります（図9-5）。

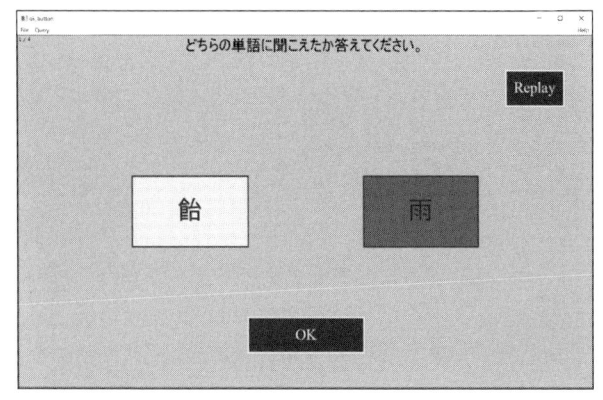

[図9-5] ウィンドウ下部に「OK」ボタンが表示されている画面

「回答確定ボタン」を表示させた場合、いずれかの反応ボタンを選択すると、ボタンの色が赤くなった状態で回答が未確定のまま止まり、次の試行には進みません。この時に選択を変更することもできます。そして、表示された「回答確定ボタン（図9-5の例では「OK」ボタン）」をクリックすることにより回答が確定し、次の試行へ進みます。

Box9-13は「1試行前に戻るボタン（oopsButton）」を使用する場合の記述例です。

```
oopsButton = 0.8 0.9 0.1 0.2 "戻る" ""
```

[Box9-13] 「1試行前に戻るボタン」使用時の記述例

Box9-13のように記述すると、実験の2試行目以降に、ウィンドウの右下に「戻る」と表示されたボタンが出現するようになり、このボタンを選択すると、1つ前の試行に戻ることができます。

Box9-14の項目は、マニュアルでの記述が固定値であると考えましょう[2]。

```
responsesAreSounds? <no> "" "" "" "" 0 0 0
```

［Box9-14］この記述は固定値と考えましょう

反応ボタンに関する記述は、Box9-15のように行います。

```
numberOfDifferentResponses = 2
    0.2 0.4 0.4 0.6 "飴" 40 "" "飴"
    0.6 0.8 0.4 0.6 "雨" 40 "" "雨"
```

［Box9-15］反応ボタンに関する記述

　まず、1行目に反応ボタンの個数を指定します。2行目以降に、各反応ボタンの設定をリストにして記述します。最初の4つの数字は、リプレイボタンなどと同様の位置の指定です。1つ目のダブルコーテーションの中にボタンに表示されるラベルを記述します。次の数字（Box9-15では40）は、ラベルの文字の大きさの設定値です。2つ目のダブルコーテーションの中は、キーボード操作時の反応キー（不要な場合はBox9-15のように空にします）を指定します。最後のダブルコーテーションの中に、該当のボタンが回答で選択された時の出力の値（図9-3のresponseの列に表示されている値）を設定します。次のBox9-16の記述は「ident」（Box9-15）からの編集例です。

```
0.2 0.4 0.4 0.6 "飴" 20 "q" "candy"
0.6 0.8 0.4 0.6 "雨" 50 "p" "rain"
```

［Box9-16］反応ボタンの編集例

　このように編集すると、「飴」ボタンは小さく、「雨」ボタンの文字は大きくなります。また、「飴」での回答にキーボードの「q」キー、「雨」での回答に「p」キーを使用できるようにもなります。実験結果には、responseの列に「飴」が選択された場合に「candy」、「雨」が選択された場合に「rain」が出力されるようになります。

実験ファイルの最後のブロックに書かれているのは、適合度判定（Goodness judgments）を行う場合の記述です。この機能については第13章で紹介します。「ident」のように適合度判定を行わない場合は、以下のBox9-17ように1行目を0に指定し、マニュアルでの記述のこの行以降の内容は削除しても構いません。

```
numberOfGoodnessCategories = 0
```

［Box9-17］適合度評定を行わない場合の記述

　実験ファイルの概要については以上です。たくさん設定項目があり、一から実験構築をするのは大変かも知れません。思うようにいかない時は、サンプルファイルを少しずつ編集して、各設定項目について確認してみるのが良いでしょう。

3　実験の実施・構築で困った時に

本節では、実験の実施・構築時に直面する、よくあるトラブルについて紹介します。

3.1　Praatのバージョンの問題で読み込めない場合

使用しているPraatのバージョンによっては、Box9-18のような画面が表示され、ファイルの読み込みに失敗することがあります。

```
The format of this file is too new. Download a newer version of
Praat.
ExperimentMFC not read.
```

［Box9-18］実験ファイルが開けない時に出るエラーの一部

　このエラーは、使用中のPraatのバージョンが古い時に表示され得ます。Praatのバージョンによって実行可能な実験ファイルのフォーマット（書式）が異なるためです。スクリプトの場合と同様に、より新しいバージョンのPraat

では、古いフォーマットの実験ファイルも実行可能ですので、このような
メッセージが表示された場合は、新しいPraatを使用して実験ファイルの読み
込みを行いましょう。

3.2　行の番号が表示されるエラー

Box9-19のように問題のある行がエラーで表示されることがあります。

```
Found a string while looking for a real number in text (line 38).
```

[Box9-19] 行番号が表示されるエラーの例の一部

Box9-19の例の場合は、「(line 38)」とあり、38行目付近 (38行目とは限りません)
に何か問題がありますので確認しましょう。この種のエラーの原因は様々で
すが、例えば、実験ファイルの記述に全角の文字列が使われている場合や、
試行リストでの音声の数 (Box9-5の numberOf DifferentStimuli の指定値) と、
その音声リスト (Box9-5の2行目以降) で記述されている音声ファイルの数が一致
していない場合などが考えられます。

3.3　行の番号が表示されないエラー

行の番号が表示されない場合のエラーは、メッセージを解読することが解決
に繋がるかも知れません。いくつか例を挙げます。

「Cannot open file 〜 .wav」というようなメッセージの場合は、Box9-2の
stimulusFileNameHead で指定したフォルダー内に、試行リストでリ
ストした音声ファイルが存在していない場合が考えられます。音声ファイル
が存在しているか、試行リストの音声の名前に間違いがないかを確認してみ
ましょう。

メッセージの中に「different sampling frequency」や「different number of
channels」が含まれている場合は、呈示する予定の音声ファイルの設定の確認
をしましょう。Praatの実験では、使用する全ての音声ファイルのサンプリン
グ周波数とチャンネル数 (ステレオ・モノラル) が一致している必要があります。
上記のメッセージが表示される場合、異なる設定のファイルが1つ以上含ま

れていると考えられます。

3.4 実験ファイルの編集結果が反映されない

オブジェクトウィンドウ内にあるExperimentMFCオブジェクトは、その元となるファイルが編集されてもそれに応じて (リアルタイムに) 内容が変更されることはありません。編集の度にオブジェクトウィンドウから実験ファイルを読み込み直しましょう。

4 音声実験構築演習

本章では、音声実験の構築の基礎を学びました。サンプルファイル「ident」の設定項目を変更し、その変更がどのように実験に反映されるかを確認しましょう。

演習1 blankWhilePlaying? (Box9-1) の設定を <yes> と <no> に設定し、音声が呈示と反応ボタンが表示されるタイミングが変化することを確認しましょう。

演習2 Box9-4の1行目と3行目の数値を変更し、各試行で音声呈示が始まるタイミング、音声呈示が終わった後の試行の流れを確認しましょう。

演習3 反応ボタンの設定 (Box9-15、16) を編集し、ボタンの位置、大きさ、表示されるラベルを変更してみましょう。

注

1 実験ファイルのマニュアル (テンプレート) は下記のURLにあります。
http://www.fon.hum.uva.nl/praat/manual/ExperimentMFC_2_1__The_experiment_file.html
2 Responses are sounds
http://www.fon.hum.uva.nl/praat/manual/ExperimentMFC_6__Responses_are_sounds.html
という種類の「反応ボタンをクリックすると音声が再生される」タイプの実験 (実験のサンプルは、サポートサイトの「responses_are_sounds.txt」です) では、stimuliAreSounds? の設定が <no>、responsesAreSounds? の設定が <yes> と記述されます。これ以外の場合にテンプレートとは異なる値に設定した状態にすると、エラーが表示されたりPraatがクラッシュしてしまいます。
3 Randomization strategies (ランダマイズの方法)
http://www.fon.hum.uva.nl/praat/manual/ExperimentMFC_2_5__Randomization_strategies.html

10 スクリプトの作成 (2)
プログラムの記述

第5章で取り組んだ、ヒストリー機能をもとにしたスクリプトの作成は、繰り返し作業を簡単にする、という意味では限定的な効果がありました。しかし、まだ自分の思い通りに機械に仕事をさせるというほどではありません。この章では機械にしっかりと「言うことを聞かせる」ために、いわゆるプログラミング言語としてのスクリプトの基本を学習します。

1 Hello world!

全てとは言いませんが、非常に多くのプログラミング言語の学習書は、この「Hello world!」という言葉をただ画面に表示させるだけのプログラムから始まります。Praatのスクリプトでも、それを試してみましょう。

　まずオブジェクトウィンドウから [Praat] → [New Praat script] メニューをたどってスクリプトエディターを開きます。以下の1行を打ち込んでから、スクリプトエディターのメニューにおいて [Run] → [Run] を選択しましょう。

```
writeInfoLine: "Hello world!"
```

[Box10-1]

　すると、インフォウィンドウが新たに開いて、以下のように表示されます (インフォウィンドウへの出力はスクリプト自身と区別するために、以降二重線で囲むことにします)。

```
Hello world!
```

[Box10-2]

　うまくいかなかった方は、スクリプトエディターの画面を良く見て、以下のような間違いがないか探してください。逆にうまくいった方は、以下の間違いをスクリプトエディター上にわざと取り入れた改変版を作り、[Run] してみてください。

```
writeInfoLine: Hello world!  ;  「""」がない
writeinfoline: "Hello world!"  ;  InfoLineをinfoline
writeInfoLine "Hello world!"  ;  「:」がない
```

[Box10-3]

　どうでしたか？　上の3つはどれも何らかのエラーメッセージを返すだけで、狙った通りの動作はしてくれないはずです。

　つまり、このたった1行のスクリプトの中には、プログラミングではよくある暗黙の約束事がいくつか含まれているのです。それを知らずに、あるいは自然言語の慣習を無意識にあてはめてしまうと、エラーを頻発するようになります。この章の残りの部分では、この約束事をなるべく噛み砕いて解説していきます。

2　コマンド名について

前節の「writeInfoLine」はPraat のスクリプト言語において、「インフォウィンドウに書き出せ」という命令として指定されているものです。このように意味が指定されたコマンド名は他にも多数ありますが、その名前は以下の3つの原理に従って付けられています。

- 小文字で始まる
- スペースや記号を含まない
- 本来スペースがあった場所の次を大文字

　これはプログラミングの世界ではキャメルケース (camelcase) と呼ばれている記法であり、きわめてありふれたものです。慣れるまでは、句を無理やり単語に仕立て直したようで読み難く感じるかもしれません。しかし、自分の作ったスクリプトをコマンドプロンプト (ターミナル) から実行しようと思ったら (14章参照)、スクリプトのファイル名自体をキャメルケースで記述する方が便利ですから、今から目を慣らしておくと良いでしょう。

　一方、5章で見たように、GUIの操作もヒストリー機能によって、スクリプトに取り込むことができました。このとき、GUIの操作におけるコマンド (ボタンコマンドと呼びます) には、キャメルケースの約束は全く当てはまっていません。例えば「ファイルを読み込む」という機能のボタンコマンドは[Read from file...]とメニューに表示され、一度それを使った後でヒストリーを用いてスクリプトエディターにペーストすると、そのままの表記で取り込まれます。そして、この表記全体が1つの予約されたフレーズなので、大文字・小文字を入れ替えたり、スペースを省略したりすることは許されません[1]。

　つまり、Praatのスクリプトの中には、キャメルケースのコマンド名と、大文字で始まりスペースを含むフレーズとしてのボタンコマンドが混在することになります。これは他のプログラム言語にすでに慣れた人にとっては、いささか奇異に感じるところかもしれません。しかし、PraatのGUIは見栄えのための単なるスキンではなく本体として発展してきた経緯や、スクリプト機能の改変の歴史がその背景にはあります。

3　コメントについて

他のプログラミング言語でもそうですが、一般的に「動作には関係しないメモ」をコメントと言います。Praatの場合、コメントには以下の2つの約束があります。

- ●#が行頭にあると、その行全体がコメント行
- ●;が行中にあると、行の以降の部分はコメント[2]

「Hello world!」スクリプトにコメントを取り入れると、例えば以下のようになります。

```
# helloWorld.praat
# my very first greeting script in praat
# NAME, DATE
writeInfoLine: "Hello world!" ; greeting from praat
```

[Box10-4]

コメントは、スクリプトを書く人、使う人のためのメモですから、基本的には何を書いても構いません。もちろん英語以外の言語で書いても問題ありません。筆者自身の方針は、「将来の自分に向かって書く」というものです。14章で見るような、少し長めのスクリプトになると、何を目的としてそれを書いたのか、パッと見てもわからず、思い出すこともできない、という事態が往々にして起こります。そのため、スクリプトの最初には必ず

- ●スクリプトのファイル名
- ●スクリプトの目的
- ●作者名と日付

の3点を書く事にしています。

コメント機能をプログラミングの中で積極的に使うこともあります。一般的には「コメントアウト」と言い、スクリプトの中の特定の部分の行頭に#を置いて、一時的にその処理を実行しないようにすることです。実例は次節で見る事にします。

4 変数とは

変数とは何かを一時的に入れておく「箱」のことです。Praatの変数には「数値」を入れる数値変数と「文字」を入れる文字列変数の2種類があります。数学ではxやyという1文字で変数を表しますが、プログラミングでは、後から読みやすいように、もう少し長い名前をつけることがよくあります。ただし、コマンド名でもそうでしたが、変数の名前の付け方にもいくつか約束事があります。

- ●数字で始まってはいけない：× `01variable`
- ●大文字で始まってはいけない：× `Variable`
- ●アンダースコア「 _ 」以外の記号は使わない：× `var++`

　従って、小文字で始まり、数字を末尾に持ち、間をアンダースコアでつないだ「variable_01」というのは正しい変数名ということになります。

4.1　文字列変数

文字列変数は末尾に $ を付ける約束になっています。変数に代入、すなわち「箱にものを入れる」ときは「 = 」を使います。また「 + 」や「 - 」を使って、中身を足したり削ったりできます。中身を足す・削る」作業は第5章で見たようなファイル名の操作でよく使います。

```
1    wavFile$ = "test.wav"
2    base$ = wavFile$ - ".wav"
3    textGridFile$ = base$ + ".TextGrid"
```

[Box10-5]

　なお、この3行をスクリプトエディターで打ち込んで[Run]してみても、画面上には何の変化も起きません。[Run]したのかどうかさえ、フィードバックがないので不確かに感じられます。そこで、以下のようにインフォウインドウへ情報を書き出すための3行を加えてから[Run]してみましょう[3]。

```
1    wavFile$ = "test.wav"
2    base$ = wavFile$ - ".wav"
3    textGridFile$ = base$ + ".TextGrid"
4    writeInfoLine: textGridFile$
5    appendInfoLine: base$
6    appendInfoLine: wavFile$
```

[Box10-6]

すると出力は

```
test.TextGfid
test
test.wav
```

[Box10-7]

　となります。このように、変数の中身が何であるかを確認することで、自分の書いたスクリプトが確かに実行されたことが分かります。

　一度中身を確かめたら、インフォウィンドウに書き出すスクリプトの4〜6行目は用済みです。しかし、いちいち削除するのも面倒な上、スクリプトに変更を加えた時は、また変数の中身の再確認が必要になるかもしれません。このような場合は、先ほど触れたコメントアウトを用います。行頭に#を入れるだけで、この3行は実行されなくなります。

4.2　数値変数

数値変数には、特別な記号を付ける必要はありませんが、コマンド名として使用されているもの（writeInfoLine など）や、スクリプトの制御に必要な特定の単語（if, for, while など。10.5節および付録2参照）は使えません。

　数値変数にはもちろん数値を代入することができます。また、計算式の結果を代入することもできます。その際、数値計算の関数、四則演算、π（pi とスクリプト中で表記）などを使うことができます。例えば以下の2行を見てください。

```
myNumericVariable = 498
myCalculationResult = (myNumericVariable+100)*2*pi
```

[Box10-8]

　まず1行目で「498」という数値をmyNumericVariableという変数に代入し、2行目では、その変数を計算の中で利用して、答えをmyCalculationResultという別な変数に代入しています。

　なお、数値変数と文字列変数の間で相互変換することができます。例えばテキストグリッドの中にラベルとしてある数字を打ち込むと、それは「数値」ではなく文字列としての「数字」になっています。しかし、この数字を数値として扱って計算をしたい、というような場合があります。そんな時は以下の方法が使えます。

```
myString$ = string$: myNumericVariable
myNumeric = number: myString$
```

[Box10-9]

　「string$」というのは変数名ではなく「文字列に変換せよ」というコマンドです。また「number」も変数名ではなく、「数値に変換せよ」というコマンドです。この2つのコマンドによって数値と文字列の相互変換が行えます。

5　制御とは

スクリプトの中で、処理の流れをコントロールすることをここでは「制御」と呼びます。より具体的には「条件に応じて動作を変える」ことです。これまで、この章の中で説明してきたことと同様に、制御はPraatスクリプトに特別なことではなく、プログラミング言語一般にあてはまります。

5.1　条件分岐
英単語の意味そのままですが、「if」を用いて「もし、条件を満たすなら、動

作Aを行う」と言う処理の流れを作ることができます。「else」や「elsif」という言葉を使って、条件を細分化することもできます。ここでは、説明のためにrandomInteger (0,10)「0から10の間でランダムに1つ数字を返す」というコマンドも導入し、具体例を見ることにします[4]。

```
1    a = randomInteger(0,10)
2    if a>4
3      writeInfoLine: "a > 4"
4    elsif a<4
5      writeInfoLine: "a < 4"
6    else
7      writeInfoLine: "a = 4"
8    endif
9      writeInfoLine: "the number in a is actually ", a
```

[Box10-10]

　このスクリプトでは、まず1行目のrandomInteger(0,10)というコマンドで0から10の間でランダムに1つの整数を発生させ、それをaという数値変数に代入します。2行目で、もし「aが4より大きい」という条件を満たすならば、3行目、「a > 4とインフォウィンドウに書き出す」ことを行います。4〜5行目、そうではなくてもし(elseとifをくっつけてelsifと言う言葉になっています)「aが4より小さい」という条件を満たすならば、「a < 4とインフォウィンドウに書け」、それでもない時は6〜7行目、「a=4とインフォウィンドウに書け」、という処理の流れとなっています。

　ifから始まる一連の処理は、最後のendifまで来て完結します。つまり、if (elsif, else, ...) endifというのは、1つの文を成していて、条件を細分化しながら、場合によって色々な処理を行っているわけです。

　後ほど、もっと実用的なスクリプトのところ (14章) で見ますが、「もし特定のラベルがテキストグリッドにあったら→処理X」「もしあるラベルが母音だったら→処理Y、さもなくば処理Z」というような形で、テキストグリッドにある情報をもとに様々な処理をする際に非常に役立ちます。

5.2 forループ

for は "for each item"「それぞれのアイテムについて」という意味で、何らかの集合の全要素に対して一定の処理をすることができます。要素が尽きるまで「繰り返す」のでループと呼ばれます。一般的な形式は以下の通りです。なお「from 始点」の部分は省略することでき、その時は始点に1が与えられたとみなします。

```
1    for 数値変数名 from 始点 to 終点
2      処理
3    endfor
```

[Box10-11]

　具体例は以下の通りです。ここではaという数値変数に1から順番に2,3,4と整数が入ります（早速「from 始点」を省略しています）。あらかじめ終点をnという別の数値変数にセットしておくと、aの値がそこに達するまで処理を繰り返します。

```
1    n = 5
2    for a to n
3      appendInfoLine: a
4    endfor
```

[Box10-12]

　出力は以下の通りです。

```
1
2
3
4
5
```

[Box10-13]

forはテキストグリッドの要素について順番に全て処理をする時に極めて便利です。先ほどのifと組み合わせ、ラベルを1つ1つ順番に調べては条件に合うものを出力する、というような使い方をします。

5.3　whileループ

whileは「条件が成り立つ間は」という意味で、要素のうち、条件が成り立つもの対して一定の処理をすることができます。条件に合う要素が尽きるまで「繰り返す」のでやはりループと呼ばれます。一般的な形式は以下の通りです。

```
1    while 条件
2        処理
3    endwhile
```

[Box10-14]

　例として、数値変数xが「負」という条件を与え、処理の部分でxが徐々に大きくなるような計算を与えてみました。具体的には、x=-20からスタートして、ループを一回通るたびに2*piがxに足されていくことになります。従って、4回目にはxは負の値から脱し、それ以降の出力は止まります。

```
1    x = -20
2    while x < 0
3      x = x + 2 * pi
4      appendInfoLine: x
5    endwhile
```

[Box10-15]

　このスクリプトの出力は以下の通りです。

```
-13.716814692820414
-7.4336293856408275
-1.1504440784612413
5.132741228718345
```

[Box10-16]

　forでもwhileでも一般に、ループはそこから脱出できるようになっていることが肝心です。whileの例の3行目で、xの値が決して正にならないような式、例えば「x=x-1」を与えてしまうと、Praatは無限ループに突入してしまいます（その時はPraatを強制終了するしかありません）。

6　プログラミング実習：変数と制御

本章では、Praatで実用的なスクリプトを書くための基礎練習という位置付けで、変数や制御に関する演習問題を行います。

演習1　文字列変数にあいさつの言葉を代入し、それを表示するスクリプトを作りましょう。動作には関係ありませんが、作者名や日付、スクリプトの名称と目的をコメントに入れましょう。

▶解答例

```
1  # greeting.praat
2  # my greeting script in praat
3  # NAME, DATE
4  message$ = "Hello praat!"
5  writeInfoLine: message$
```

[Box10-17]

▶出力

```
Hello praat!
```

[Box10-18]

▶解説

　writeInfoLine: の後には文字列変数名をそのまま置くだけで、変数の中身が表示されます。

演習2　1 から 100 の間の数が素数か否かを判定し、素数ならば画面に表示するスクリプトを作りましょう（ヒント：素数とは自分自身と 1 以外では割り切れない数のことです。だから、ある数 i が素数であるかどうかは、i より小さい全ての自然数をひとつずつ取り上げて i を割ってみれば分かるはず）。

▶解答例

```
1    # prime.praat
2    # from 2 to 100, print if it's a prime number
3    # NAME, DATE
4    for i from 2 to 100
5      k=0
6      for j from 2 to i-1
7        if (i mod j ==0)
8          k=1
9        endif
10     endfor
11     if (k==0)
12       appendInfo: i," "
13     endif
14   endfor
```

[Box10-19]

► 出力

```
2  3  5  7  11  13  17  19  23  29  31  37  41  43  47  53  59  61  ... 89  97
```

[Box10-20]

► 解説

- 4行目、「1から100まで」という問題ですが、「1」が素数でないのは自明なので、数値変数iについてforループを始点2から終点100まで回します。

- 5行目、kという数値変数は、素数か否かの判定結果を格納するためのものです。素数ならば0、素数でない時は1を入れます。ここでは最初にkに0をセットしています。素数判定を行った後でこのkの値を見て、0ならば出力します。

- 6行目、jという数値変数についてのforループを、iについてのforループの内側で、始点2から終点i-1まで回します。

- 7行目で素数の判定を行い「素数ではない」と分かれば8行目でkに1を代入しています。「mod」というのは「割り算をしてあまりを求める」という算術演算です。ここでは「==」という比較演算子を用いて、「もしiをjで割ったあまりがゼロなら」という計算をしています。

- 11行目でkが0であるならば（つまりkに1が代入されなかったからiは素数）、12行目でiを画面に表示します。

- なお、12行目ではappendInfoLine（1つ出力したら改行）ではなくappendInfoというコマンドを用いています。そして、iの後に「," "」を書き入れることで、出力をスペースで区切っています。

　うまくスクリプトは動きましたか？　この問題のポイントの1つはiが素数か否かの判定に、2からi-1まで増えていく変数jを用いたことです。例えばiが5のとき、jは2、3、4、iが6のときjは2、3、4、5、というように、iについてのforループが1つ進むごとに、jについてのforループはi-1まで何回も回っています。人間ならば、無駄が多すぎてやる気が出ないような計算ですが、機械は文句も言わずに働いてくれます。ただ、課題が1から100までではなく、1から1億までだったら無駄な計算を減らす（例えば、2より大きい偶数は省く）

ようにしないと、終了するまでにとんでもなく時間がかかってしまいます。

注

1 　ただし、ボタンコマンドに多く見られる末尾の「...」だけは、コロン「：」に置き換えて、その後に変数名を引用符なしで直接書くことが許されます。従って [Read from file... 'fileName$'] と [Read from file: filename$] は等価です。

2 　ピクチャーウィンドウに関するスクリプトではこの記法は使えないことがあります。

3 　writeInfoLine では画面の内容を毎回消してから新たに表示するので、複数行にわたる出力を扱うには不便です。appendInfoLine を使うと、書き加えて (append) いくようになります。

4 　制御構造を用いる時は、字下げ（インデント）をすることもプログラミングの一般的なお約束となっています。この例では if…elsif…else…endif は字下げなしですが、その間に挟まっている処理はすべて 2 文字分、字下げしています。多重に if や for を用いると、この約束の効果が現れます。実例は演習 2 の解答案を見てください。例えば、7 行目と 9 行目が if…endif でペアになっており、6 行目と 10 行目も for…endfor でペアになっていることが、字下げの度合いによって一目で分かります。なお、字下げについてはプログラミング言語によって、また考え方次第でいろいろな流儀があります。

IV

上級編

11 音声分析のカスタマイズ
セッティングの変更

本章では、これまで取り上げてきた初級・中級編の内容をさらに発展させ、Praatをさらに使いこなすために役立ちそうな機能を紹介します。

1　スペクトログラムの設定

サウンドエディターで音声を開くと通常は波形の下にスペクトログラムが表示されます。開いた音声が長いと（初期設定では10秒以上だと）、スペクトログラムやピッチなどの分析結果が表示されないようになっています（図11-1）。分析結果を見るには、10秒以下にズームインするか、［View］メニューの［Show analyses...］を選んでLongest analysis（分析の最長の長さ）の値をより長い値にします。ただし、あまり長い値にするとPraatの動作が遅くなることがあるので注意しましょう。

　スペクトログラムに関する基本的な設定を行うには［Spectrum］→［Spectrogram settings...］を押します。すると図11-2のような設定画面が現れます。さらに細かな設定は［Advanced spectrogram settings...］から行えますが、通常は変更の必要はないでしょう。以下では［Spectrogram settings...］の設定について説明します。

● View range（Hz）(表示範囲)　周波数軸の表示範囲の下限と上限をヘルツで設定します。初期設定では0Hzから5000Hzまで表示するようになっていて、通常の音声分析を行う場合はちょうどよい範囲ですが、変更することもできます。例えば/s/などの摩擦音の高周波数成分を分析したい場合は上限を

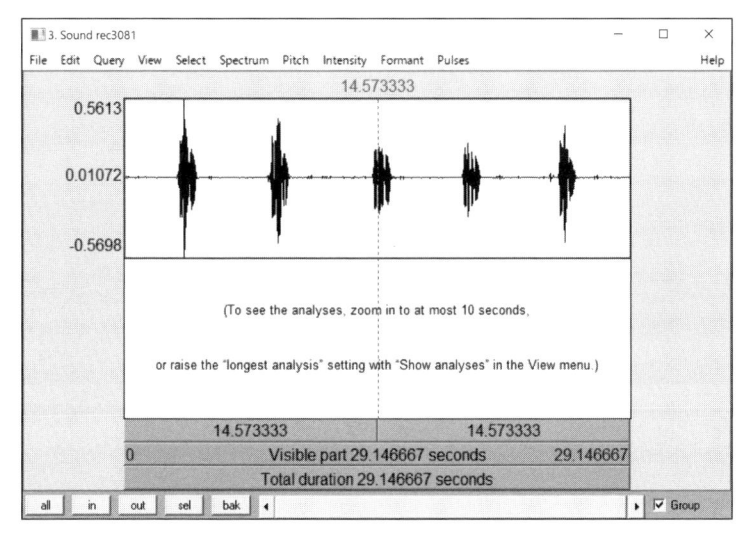

[図11-1] 長い音声ファイルを開いたときの画面

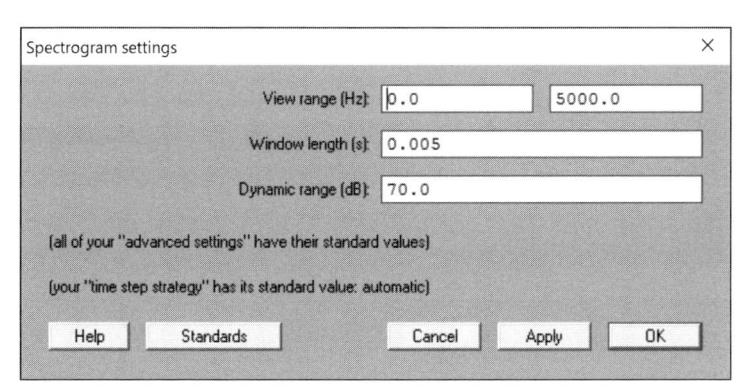

[図11-2] スペクトログラムの設定画面

例えば8000Hzくらいに設定してもよいでしょう。ただし上限を高く設定しても音声ファイルのサンプリング周波数の半分の周波数（ナイキスト周波数）より高い領域は音が存在しないためスペクトログラムが白く表示されます。

● Window length（s）（分析フレームの長さ）　分析に用いるフレームの長さ[1]を秒で指定します。Window length はスペクトル分析における帯域幅（バンド幅ともいいます）を決めるもので、この値が小さいほど帯域幅が大きくなります。

初期設定では0.005 (5ミリ秒) となっていて、いわゆる広帯域スペクトログラム（wide-band spectrogram）を表示するのに適切な値になっています。一方、狭帯域スペクトログラム（narrow-band spectrogram）を表示するにはこの値を0.03 (30ミリ秒) 程度に設定します。

　広帯域と狭帯域スペクトログラムの違いを理解するための実習課題が11.6節にありますので参考にしてください。

● Dynamic range (dB)（ダイナミック・レンジ）　音声ファイルの最大強度よりもこの値以上に強度が低い部分は白く表示されます。初期設定では70dBになっています。例えば、ある音声ファイルの最大強度が80dBだとします。Dynamic rangeを70dBに設定してこの音声のスペクトログラムを表示すると、80dB − 70dB = 10dBより強度が低い部分は白く表示され、10dBから80dBまでの範囲は異なる濃さの灰色で表示されます。したがって、スペクトログラムの色が全体的に濃かったり音声に対して背景雑音が大きかったりした場合は、dynamic rangeを低めに設定するとスペクトログラムを薄くすることができます。また逆に、スペクトログラムの色が全体的に薄い場合は、dynamic rangeを高めに設定するとスペクトログラムを濃くすることができます。

2　ピッチの設定

ピッチ曲線に関する基本的な設定を行うには［Pitch］→［Pitch settings...］を押します。すると図11-3のような設定画面が現れます。さらに細かな設定は［Advanced pitch settings...］から行えますが、通常は変更の必要はないでしょう。以下では［Pitch settings...］の設定について説明します。

● Pitch range (Hz)（ピッチ範囲）　Praatが行うピッチ分析の最小値と最大値をヘルツで指定します。この範囲よりも低い値または高い値は分析対象外になるので、分析している声が取りそうな範囲に合わせて調整します。男性の場合は75-300Hz、女性の場合は100-500Hzくらいがちょうどよいでしょう。きしみ声（creaky voice）が含まれている場合は最小値を75Hzより低く設定する必要があるかも知れません。

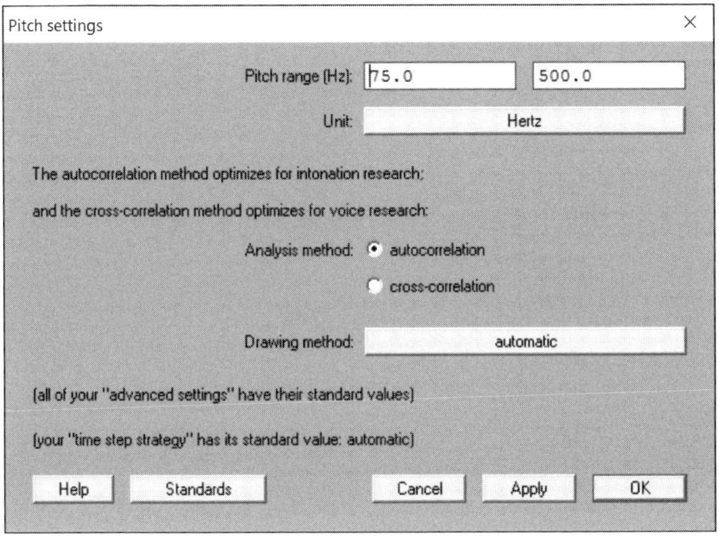

[図11-3] ピッチの設定画面

　実はpitch rangeで指定する2つの値のうち最小値のほうは、ピッチ分析に用いるフレームの長さと直接関連するので重要な意味を持ちます。Praatのピッチ分析ではこの最小値の3倍の長さのフレームを用いてピッチ分析を行います。例えば最小値を75Hzに設定すると、75Hzの波形の周期がちょうど3つ収まる長さ（75Hzの波形の周期は1/75 = 0.0133秒なので、その3倍は0.04秒）のフレームを用いて分析を行います。仮に時刻0.500秒の部分のピッチを測定する場合、0.480から0.520までの範囲の波形を分析することになります。もしこの最小値を25Hzまで下げると、フレームの長さは0.12秒に増大し、時刻0.500秒のピッチを測定するには0.440から0.560までの範囲の波形を分析することになります。

　つまり、pitch rangeの最小値を下げすぎると速いピッチ変化を捉えることができなくなります。その一方で、最小値を上げすぎると低いピッチが捉えられなくなります。

● Unit（単位）　ピッチ分析に用いる単位を指定します。初期設定のヘルツ（Hz）を用いることが多いですが、他にも以下の選択肢があります。

　○ Hertz (logarithmic)　ヘルツの値を対数軸を用いて表示

○ mel　音の高さの知覚的尺度であるメル尺度を用いて表示

○ logHertz　ヘルツの値を対数に変換して表示 (logHertzの単位はlogHzなのに対して、Hertz (logarithmic)はその値をHzに戻して表示)

○ semitone re 1Hz/100Hz/200Hz/440Hz　ヘルツの値をセミトーン (半音) に変換して表示 (1セミトーンはピアノなどの鍵盤楽器における隣接する2つの鍵の間の音程)。基準となる音の高さを4種類 (1Hz、100Hz、200Hz、440Hz) から選べます (440Hzは「ラ」の音)。

● Analysis method (分析方法)　分析に用いるアルゴリズムを選択します。初期設定はautocorrelation (自己相関) で、イントネーション研究に適しているとされています。もう1つの選択肢はcross-correlation (相互相関) で、声の病理学的研究に向いているとされています。

● Drawing method(描画方法)　ピッチ曲線を画面に表示する際に、線 (curve) で描くか、点 (speckle) で描くか、点と線の組み合わせを自動的に決めるか (automatic)、選択します。自動の場合は、ズームインすると点と線の両方で描き、ズームアウトすると線だけで描きます。

3　フォルマントの設定

フォルマントの分析に関する基本的な設定を行うには [Formant] → [Formant settings...] を押します。すると図11-4のような設定画面が現れます。さらに細かな設定は [Advanced formant settings...] から行えますが、ほとんどの設定は以下で説明するように [Formant settings...] で行えます。

　なお、フォルマントの追跡結果は、フォルマント構造を伴わない部分 (無声音、摩擦音、破裂音のバーストなど) にも赤い点が表示されることがあります。また、母音や接近音のようなフォルマント構造を伴う音でも追跡結果が安定しなかったり計測ミスを伴うことがしばしばあります。したがって、フォルマント追跡結果が意味のある結果を示しているのかどうかはスペクトログラムや波形と照合しながら慎重に吟味する必要があります。

● Maximum formant (Hz)(フォルマントの最大値)　Praatがフォルマントを追跡する際にフォルマントが取りうる最大値を指定します。この値は話者の属性

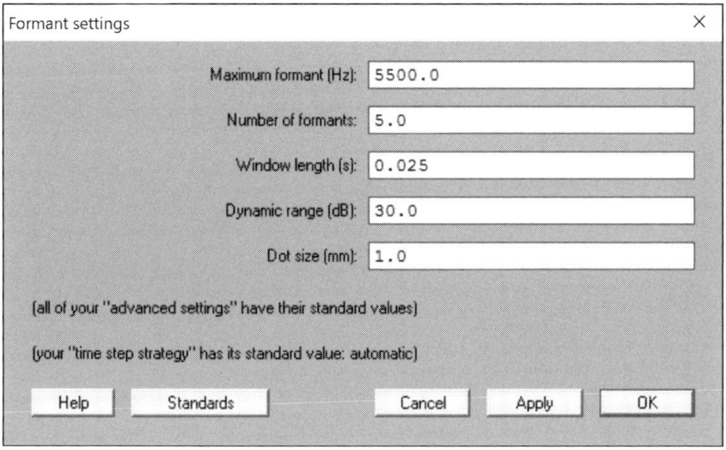

[図11-4] フォルマントの設定画面

に応じて変更することが重要です。話者が女性なら初期値である5500Hz、男性なら5000Hz、子供なら8000Hzくらいに設定するとよいでしょう。Maximum formantが高すぎると、母音/u/や/o/に見られるような近接する2つのフォルマントを誤って1つのフォルマントとして認識したり、逆にこの値が低すぎると1つのフォルマントを誤って複数のフォルマントとして認識したりすることがあります。はじめに母音の定常部などを試しに分析して正しく追跡できていることを確認するとよいでしょう。

● Number of formants（フォルマントの数）　分析フレームごとに追跡するフォルマントの数を指定します。初期設定では「5」となっており、通常は変更の必要ありません。

● Window length（s）（分析フレームの長さ）　分析に用いるフレームの長さを指定します。これも通常は変更の必要ありません。

● Dynamic range（dB）（ダイナミック・レンジ）　音声ファイルの最大強度よりもこの値以上に強度が低い部分にはフォルマントの追跡結果が表示されません。初期設定では30dBになっています。無音あるいは静かな部分にもフォルマント追跡結果が表示され、それらを消したい場合はこの値を大きくします。逆に強度の低い部分にもフォルマント追跡結果を表示したい場合はこの値を小さくします。

- Dot size（mm）(ドットサイズ)　フォルマント追跡結果の赤い点の大きさを指定します。

4　インテンシティーの設定

インテンシティーの設定は［Intensity］→［Intensity settings...］から行えます。図11-5が設定画面です。

- View range（dB）　インテンシティーの表示範囲を指定します。初期設定では50-100dBになっていますが、背景雑音のインテンシティーを表示したい場合などは0-100dBくらいに設定することもできます。

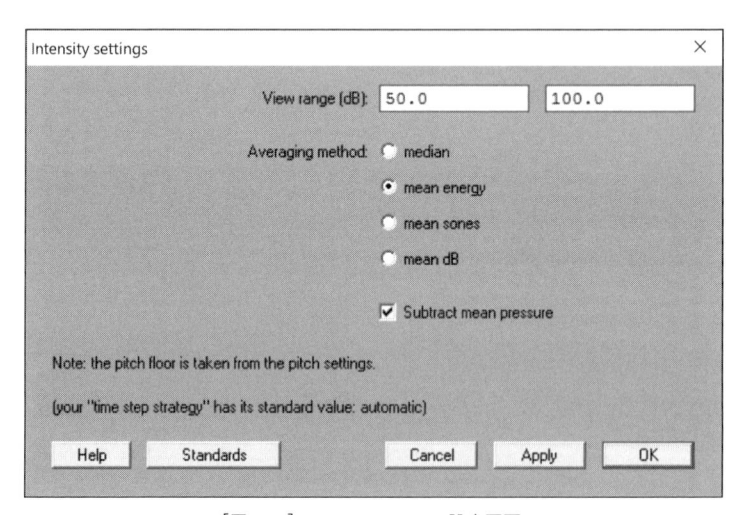

［図11-5］インテンシティーの設定画面

- Averaging method（平均値の計算方法）　カーソルで選択した範囲のインテンシティーの平均値の求め方を指定します。Median は選択範囲の中央値を返します。Mean dB は選択範囲のデシベル値の平均値を返します。Mean energy は選択範囲のデシベル値を強度（音圧の2乗、単位はPa²/s）に変換したあとに平均値を求め、その値をデシベルに戻した値を返します。Mean sones は人間の聴覚特性に基づいた値を音の強度の心理尺度であるソーンという単位で

返します。初期設定は mean energy になっています。

- Subtract mean pressure（平均音圧を引き算する）　インテンシティーを計算する前に周辺の音圧の平均値を波形から引き算するか否かを指定します。初期設定では引き算するようになっています。マイクなどの録音機材によっては音圧の測定値にズレが生じることがあります。音声波形の無音部分をよく見ると音圧が0から少しズレていることがありますが、これを補正するためにはオンにします。

- Pitch floor（ピッチの最小値）　画面下部の Note に pitch floor のことが書いてありますが、インテンシティーの分析で使われるフレームの長さはピッチの設定画面（図11-3）の pitch range の最小値によって指定されます。通常は周期的な声帯振動に伴う音圧の増減はインテンシティー曲線に現れてほしくないので、周期が数個収まるくらいの範囲（フレーム）を基にインテンシティーを計算します。より細かな動きを捉えたい場合はこの値を小さくし、逆に滑らかなインテンシティー曲線を描きたい場合はこの値を大きくします。

5　音声の切り出し

音声学の実験ではしばしば参加者に単語や文などのリストを呈示し、それを読み上げてもらったものを一気に録音して、その後で発話を1つ1つ切り出して個々の音声ファイルに保存することがあります。項目の数が少なければ手作業で切り出しと保存を行ってもあまり苦になりませんが、例えば項目が100個以上あるととても面倒な作業になります。Praat には、この作業の一部を自動化できる機能があります。音声のインテンシティーを基に、音声のある区間とない区間を自動的にマークしてくれるという機能です。

　まず、切り出しをしたい音声ファイルを Sound オブジェクトとしてオブジェクトウィンドウで開きます。その Sound オブジェクトを選択して、［Annotate］→［To TextGrid (silences) ...］を選びます。すると図11-6のような設定画面が現れます。

　上の2つのパラメーターは、インテンシティーの分析に関連するもので、minimum pitch（11.4節の pitch floor と同じ、初期値は100Hz）と time step（初期値の0.0にすると Praat が分析フレームの長さに応じてステップサイズ[2]を決めます）が設定できます。

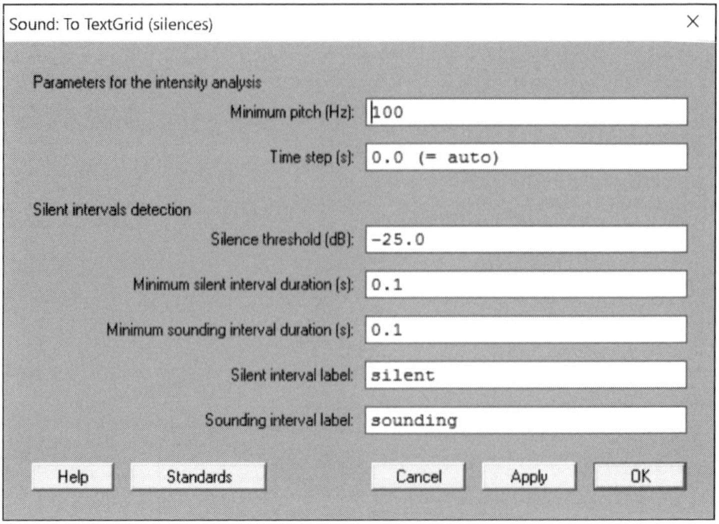

[図11-6] 音声切り出しの設定画面

　下の5つのパラメーターは、音がある部分とない部分を判断する基準を設定するのに用います。

● Silence threshold (dB)(無音のしきい値)　ファイル全体でのインテンシティーの最大値に比べてこの値以上にインテンシティーが低い部分を「音声なし」(silence) とみなします。例えばある音声ファイルのインテンシティーの最大値が75dBだとします。Silence thresholdを初期値の -25dB (マイナスの値を指定します) に設定すると、75-25=50dB よりインテンシティーの低い部分を音声なしとみなします。

● Minimum silent interval duration (s)(無音区間の最小の長さ)　「音声なし」とみなす区間の長さの最小値を指定します (初期値は0.1秒)。閉鎖音の閉鎖区間や発話中のわずかなポーズなどを音声なしとみなしたくない場合は長めの値を設定します。

● Minimum sounding interval duration (s)(有音区間の最小の長さ)　「音声あり」とみなす区間の長さの最小値を指定します (初期値は0.1秒)。長さの短い雑音などを音声とみなしたくない場合は長めの値を設定します。

● Silent interval label (無音区間のラベル)　「音声なし」の区間に付けるラベルを

指定します（初期値は「silent」）。

● Sounding interval label（有音区間のラベル）「音声あり」の区間に付けるラベル
を指定します（初期値は「sounding」）。

　図11-6の設定画面の［OK］をクリックすると新しいテキストグリッドオ
ブジェクトが現れます。このテキストグリッドと元の音声ファイルとを同時
に選択して［View & Edit］を押すと、切り出しの結果を確認できます。図
11-7に、あるサンプルファイルに対して切り出しを実行した結果を示します。
ここに表示されている部分には2つの発話が含まれていますが、発話の部分
には「sounding」、発話と発話の間の無音部分には「silent」というラベルが正
しく付けられているのが分かります。しかしこのままだと音声がsoundingの
区間からはみ出ているので、手作業でマーカーの位置を1つ1つ調整しなが
ら音声全体がsoundingの区間の中に収まるようにする必要があります。また、
発話中に余分なマーカーが入っていたり、逆にあるべき位置にマーカーがな
かったり、マーカーが微妙にずれていたりすることがよくあります。その時
は、パラメーターの値を変えてやり直したり、手作業で修正したりします。
特に発話ごとに切り出して別々のファイルに保存する時は、切り出す際に音
声の途中でカットしないように注意する必要があります。

　個々のファイルに保存するには、サウンドエディターの［File］→［Save
selected sound as WAV file...］などのコマンドを使うことができます。

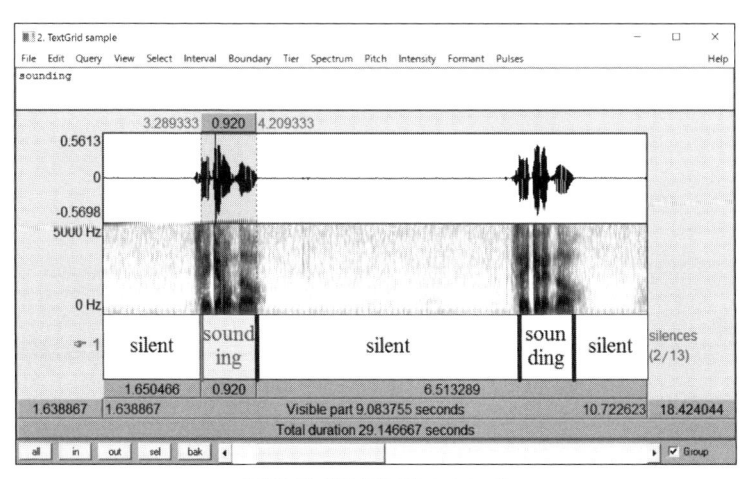

［図11-7］音声切り出しのイメージ

6 音声学実習：スペクトログラムの帯域幅

ここでは、広帯域と狭帯域の2種類のスペクトログラムの違いを直観的に理解するための演習をやってみましょう。

演習1 純音のスペクトログラムを2種類作りましょう。

まずは純音を生成して、2種類のスペクトログラムでどのように表示されるか比べてみましょう。

▶解答例

オブジェクトウィンドウから、［New］ → ［Sound］ → ［Create Sound as pure tone...］(純音のサウンド・オブジェクトをつくる) を選んで次の画面でそのまま［OK］を押して純音を作ります。初期設定では約400ミリ秒の長さの440Hzの純音ができます。これをサウンドエディターで開きます。まず広帯域スペクトログラムを表示するために、［Spectrum］ → ［Spectrogram settings...］ を開いてwindow lengthが初期設定の0.005のままになっていることを確認して［OK］を押すと、図11-8の左側のようなスペクトログラムが表示されます。440Hz付近に1本の水平な黒い帯が表示されます。次に狭帯域スペクトログラムを表示するためにwindow lengthを0.03に変更します。すると図11-8の右側のようなスペクトログラムが現れます。左側の図に比べてより細くて輪郭がはっきりした黒い帯が描かれました。スペクトログラムの帯域幅とは、この帯の太さだと考えるとよいでしょう。広帯域だと帯が太めに、狭帯域だと帯が細めに描かれるのです。一方、帯の長さを比べると、左側の帯は左右の端の近くまで伸びているのに対して、右側の帯はやや短めで左右の端まで伸びていません。右側は分析フレームの幅 (window length) が長く、両端の部分が分析できないためです。

演習2 音声のスペクトログラムを2種類作りましょう。

次に単語や文などの発話を用いて2種類のスペクトログラムを比べてみましょう。

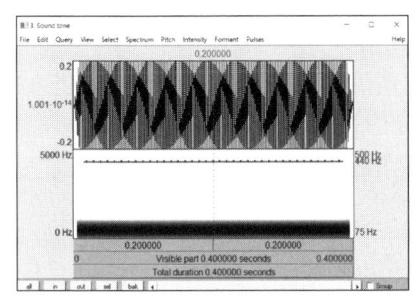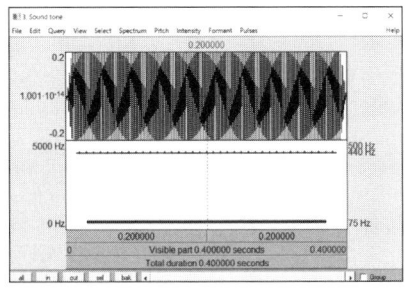

[図11-8] 純音の広帯域スペクトログラム（左側）と狭帯域スペクトログラム（右側）

▶解答例

例として「タイル」という単語の発話のスペクトログラムを図11-9と図11-10に示します。図11-9の広帯域スペクトログラムをよく見ると、母音の声帯振動に伴う縦の縞模様や、閉鎖音/t/の破裂、弾き音/r/の閉鎖など、速い変化を確認することができます。一方、1つのフォルマントには通常複数の倍音が含まれていますが、各フォルマントは1つの太い帯として表示され、個々の倍音を確認することはできません。これに対して図11-10の狭帯域スペクトログラムをよく見ると、母音のフォルマントを構成する個々の倍音が横縞模様として確認できます。また、二重母音/ai/でピッチが下がるのに伴って倍音の間隔が変化しているのが確認できます。一方、エネルギーの時間的変化を正確に捉えられないので、図11-9では確認できた個々の声帯振動を示す縦縞模様は見えません。また、閉鎖音の破裂や弾き音の閉鎖区間も図11-9に比べてぼやけて見えます。

つまり、広帯域スペクトログラムでは時間軸（横軸）の情報が比較的正確（時間分解能が高い）なのに対して周波数軸（縦軸）の情報があまり正確ではありません。一方、狭帯域スペクトログラムはその逆で、周波数軸（縦軸）の情報が比較的正確（周波数分解能が高い）なのに対して時間軸（横軸）の情報があまり正確ではありません。このように時間と周波数はトレードオフ（trade-off、一方を立てると他方が立たないこと）の関係にあるのです。

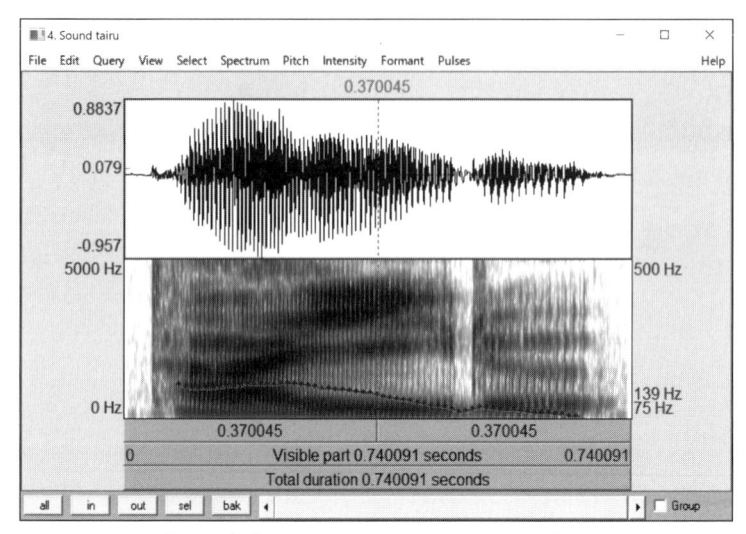

［図11-9］「タイル」とういう単語の広帯域スペクトログラム

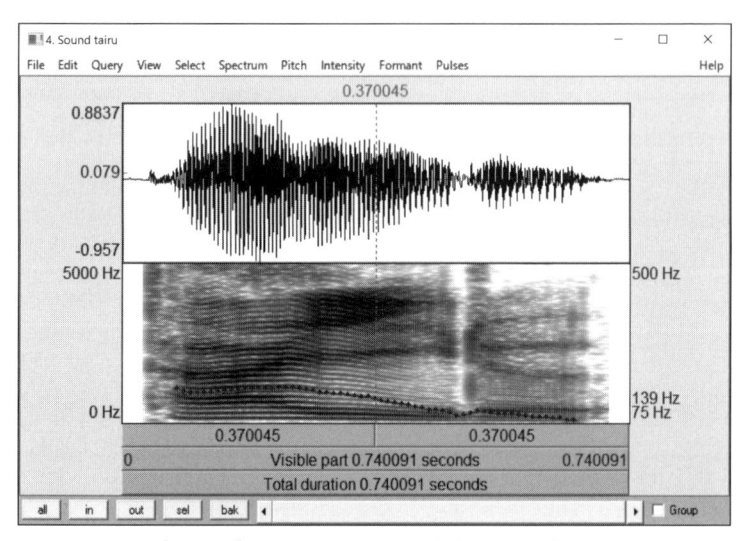

［図11-10］ 図11-9と同じ単語の狭帯域スペクトログラム

注

1　音声を分析するには、音声を小さなフレーム（英語ではwindowといいます）に分けて分析を行います。このフレームは長さが短く（例えば0.02秒）、音声波形の一部を切り取ってその部分だけを分析に用います。このフレームの長さをwindow lengthといい、例えばPraatのSpectrogram settingsで指定することができます。

2　ステップサイズ（step size）とは、上記の分析フレームを何秒ごとにずらして音声を分析するかを指定するパラメーターです。もしステップサイズが0.01秒で、上のwindow lengthが0.02秒であれば、Praatは音声の左端から始め、初めの0.02秒の音声波形を基に音声を分析し、次に分析フレームを0.01秒右にずらして、そこから0.02秒分の音声波形を基に音声を分析し、再び分析フレームを0.01秒右にずらして…という手続きを繰り返します。この例のように分析フレームの長さよりステップサイズが小さいと、同じ波形の部分が何度か分析対象になることがあります。分析フレームの長さとステップサイズは独立して指定できますが、Praatでは一方を決めると他方が自動的に決まる仕組みになっていることが多いようです。

12 より体系的な音声の再合成

音声の特徴を数値で指定

第8章ではＭエディターを使って音声のピッチ曲線や持続時間を画面上で修正して再合成する方法を紹介しました。この方法はマウスの操作で手軽に音声のパラメーターが編集できるというメリットがありますが、その反面、パラメーターを厳密に操作することが難しいといった問題点も挙げられます。再合成した音声を知覚実験の刺激として使用する場合、刺激音声の属性をより厳密に指定する必要があります。また、音声のあるパラメーター（例えば特定の子音や母音の持続時間）だけを徐々に変化させたような刺激の連続体を作りたい場合、変化させたい部分を徐々に変化させ、その他のパラメーターはまったく同一の値を持つ刺激を複数個再合成する必要があります。そのような場合は、パラメーターをマウス操作ではなく数値で指定できたほうが便利です。本章では、数値を指定して行う再合成の方法を紹介します。

1　数値によるピッチ曲線の操作

数値によって音声のピッチ曲線を操作するには、①原音声のピッチ曲線を抽出する、②ピッチ曲線の数値を編集する、③編集したピッチ曲線を原音声と統合する、という3つのステップを行います。

1.1　ステップ1：ピッチ曲線の抽出

まず、操作したい音声をSoundオブジェクトとしてPraatで開き、第8章で行ったようにManipulationオブジェクトを作ります。Manipulationオブジェクトに入っているピッチ曲線をそのまま抽出する場合は、オブジェクトウィ

ンドウの［Extract pitch tier］(pitch tierを抽出) を押してPitchTierオブジェクトを
作ります。ピッチ曲線を簡略化する（第8章のStylize pitch）など何等かの前処理を
してから抽出する場合は、［View & Edit］を押してMエディターを開き、必
要な処理を行ってから、オブジェクトウィンドウの［Extrast pitch tier］を押
すか、Mエディターの［File］→［Extract pitch tier］を押します。

　抽出したPitchTierオブジェクトを編集・再読み込み可能な形式で保存する
には、オブジェクトウィンドウから［Save］→［Save as PitchTier spreadsheet
file...］(PitchTierを表形式で保存する) を押します。ファイル名には「.PitchTier」と
いう拡張子を付けるとよいでしょう。

1.2　ステップ2：ピッチ曲線の数値の編集

上述の方法で作った.PitchTierファイルをテキストエディターで編集します。
Windowsではメモ帳、Macではテキストエディットなどを使うとよいでしょ
う。例えば、第8章にも出てきた「雨」という音声をMエディターで開き、
［Pitch］→［Stylize pitch (2 st)］を使ってピッチ曲線を簡略化すると図12-1の
ようになります。これをPitchTierファイルに保存して開くとBox12-1のよう
になります。

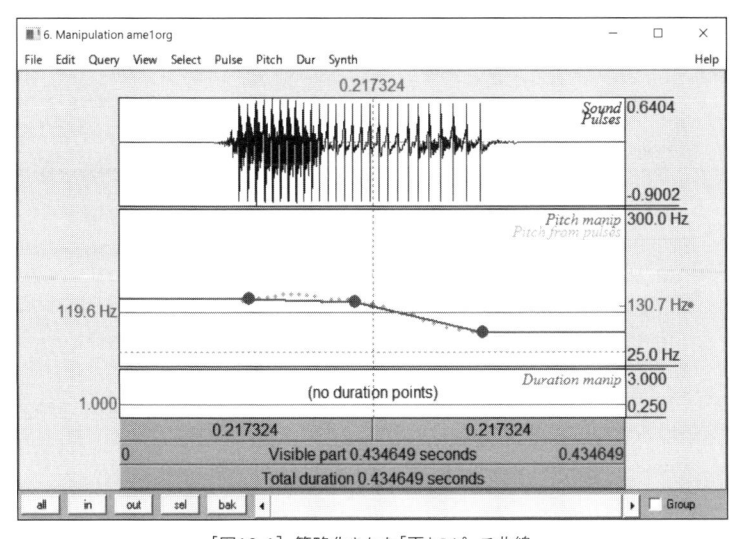

[図12-1]　簡略化された「雨」のピッチ曲線

```
"ooTextFile"
"PitchTier"
0  0.43464852607709753  3
0.11232426303854876     143.01836348234059
0.20232426303854875     138.01854504222666
0.31232426303854871     84.400035765399252
```

[Box12-1]

1-2行目の "ooTextFile" と "PitchTier" は固定値でPraatがPitchTierファイルであることを認識するために必要な部分なので編集しないようにしましょう。3行目にはファイルに関する3つの数値があり、①開始時刻、②終了時刻、③ピッチ曲線のポイントの数を示します（Stylize pitchを行った結果ポイントが3つになったので「3」という値が入っています）。そして4行目以降には行ごとに2つの数値があり、①時刻（秒）、②その時刻でのピッチの値（ヘルツ）を示します。この時刻とピッチの値を編集することでピッチ曲線を正確に操作することができます。4行目以降の行数を減らしたり増やしたりすることでピッチ曲線のポイントの数を変えることもできます。その場合は、それに合わせて3行目の3つ目の数値（ポイントの数）も適宜変更する必要があります。

　例として、上記のピッチ曲線の1つ目のポイントの周波数を変え、1つ目と2つ目のポイントの間に新しいポイントを追加したものをBox12-2に記します。ピッチ曲線の点の数を増やしたので3行目の3つ目の数値も変えてあります。修正した箇所を下線で示します。

```
"ooTextFile"
"PitchTier"
0  0.43464852607709753  4
0.11232426303854876     90
0.150                   140
0.20232426303854875     138.01854504222666
0.31232426303854871     84.400035765399252
```

[Box12-2]

以上の編集結果を再読み込みできるようにテキストファイルとして保存します。

1.3　ステップ3：原音声との統合

編集した.PitchTierファイルをPraatに読み込むには、［Open］→［Read from file...］を実行します。ファイルに誤りなどがなければ新しいPitchTierオブジェクトが現れます。このPitchTierを音声に適用するにはその音声をManipulationファイルとしてオブジェクトウィンドウに読み込んでおきます。そしてPitchTierオブジェクトとManipulationオブジェクトの両方を同時に選択すると、右側に［Replace pitch tier］(pitch tierを置き換え) というボタンが現れます (図12-2)。それをクリックすると、Manipulationオブジェクトに入っていたピッチ曲線がPitchTierオブジェクトのピッチ曲線に置き換わります。オブジェクトウィンドウ上では何も変化が起こりませんが、それは新しいオブジェクトができるのではなく既存のManipulationファイルの内容を上書きするからです。Manipulationオブジェクトを見るとその結果が確認できます。図12-1の音声に対して先ほど編集したPitchTierを当てはめた結果を図12-3に示します。2つの図を見比べると、1つ目のポイントを90Hzに下げ、2つ目のポイントが追加されたことが分かるでしょう。この結果を音声ファイルとして保存するには、Mエディターの［File］→［Publish resynthesis］(再合成音声を出力) を実行してSoundオブジェクトを作り、オブジェクトウィンドウから［Save］→［Save as WAV file...］などで保存します。

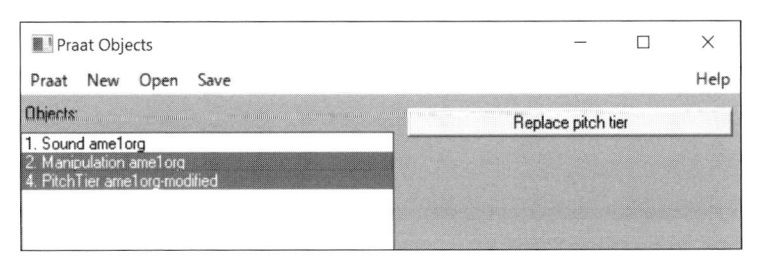

［図12-2］ManipulationとPitchTierを同時に選択

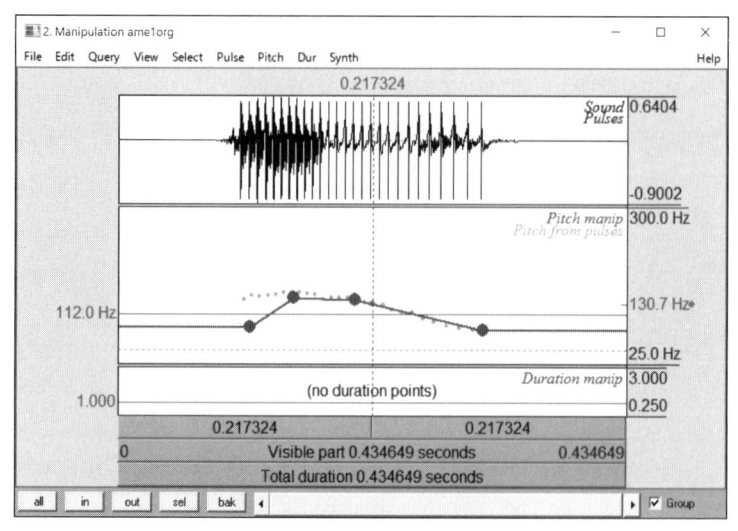

［図12-3］編集したPitchTierを適用

2 別の音声のピッチ曲線との統合

ある音声のピッチ曲線を抜き出し、それを編集し、元の音声と統合すれば、色々なピッチ曲線を持つ音声を再合成することができます（もちろん、再合成された音声が自然に聞こえるかどうかは別問題ですが）。また、この応用編として、ある音声のピッチ曲線を別の音声と統合することもできます。それをするには、ある音声のピッチ曲線を抽出してPitchTierオブジェクトに保存します。そのPitchTierと別の音声のManipulationオブジェクトを同時に選んで［Replace pitch tier］を実行するのです。このような手法は、例えば同じ話者がある語句を2種類の読み方（2種類の感情など）で発話した音声が2つあり、片方のピッチ曲線をもう片方の音声に当てはめたい場合などに利用できるかも知れません。また別の例として、2名の話者（母語話者と非母語話者など）が同じ語句を発話した音声があり、片方の話者のピッチ曲線をもう片方の話者の音声に当てはめたい場合などにもこの手法が利用できます。ただし、注意点として、両方の音声がだいたい同じ長さであり、かつ内容が対応しているようでないと、このような操作は上手くいかないでしょう。

3 数値による持続時間の操作

数値によって音声の持続時間を操作する方法は、ピッチ曲線の操作方法 (12.1 節) とほぼ同じで、①原音声の持続時間を抽出する、②持続時間の数値を編集する、③編集した持続時間と原音声を統合する、という3つのステップを行います。

3.1 ステップ1：持続時間の抽出

まず、操作したい音声をSoundオブジェクトとしてPraatで開き、第8章で行ったようにManipulationオブジェクトを作ります。[View & Edit] を押して開くと分かりますが、初期状態ではduration tierには何も入っていません。このままテキストファイルに書き出すこともできますが、ファイルが空だとポイントを追加する方法が分かりにくいので、duration tierに仮のポイントを追加してから保存することにします。Mエディターの [Dur] → [Add duration point at...] を押して、設定ウィンドウの [OK] をそのまま押します。するとduration tierの倍率1.0の位置に緑のポイントが1つ追加され、その点を通る水平の緑の線が描かれます。ここで、オブジェクトウィンドウの [Extract duration tier]（duration tierを抽出）を押すか、Mエディターの [File] → [Extract duration tier] を押して、DurationTierオブジェクトを作ります。抽出したDurationTierオブジェクトをテキストファイルに保存するには、オブジェクトウィンドウから [Save] → [Save as short text file...] を押します。ファイル名には「.DurationTier」という拡張子を付けるとよいでしょう。ところで、12.1.1節で説明したように、PitchTierオブジェクトを保存するときは [Save] → [Save as PitchTier spreadsheet file...] を使いましたが、DurationTierにはそのようなコマンドが設けられていないので、[Save] → [Save as short text file...] を使います。

3.2 ステップ2：持続時間の数値の編集

上述の方法で作った.DurationTierファイルをテキストエディターで編集します。さきほどと同じ「雨」という原音声のduration tierにポイントを1つだけダミーで追加して保存した.DurationTierファイルを開くとBox12-3のように

```
File type = "ooTextFile"
Object class = "DurationTier"        ├→変更しない


0                                    ←開始時刻
0.43464852607709753                  ←終了時刻
1                                    ←ポイントの数
0.21732426303854877                  ←1点目の時刻
1                                    ←1点目の倍率
```

[Box12-3]

なります。

　ファイルの内容は.PitchTier ファイル（12.1.2節参照）とほぼ同じですが、改行の位置など形式が少し異なります。6行目のポイントの数および7行目以降のポイントごとの時刻・持続時間倍率を編集することで音声の持続時間のパターンを操作することができます。Duration tierの点を追加・削除する時は2行ずつ（時刻、持続時間倍率の2行ごとに）追加・削除することになります。

　例として、第8章の図8-12のように、「雨」の /m/ の持続時間を2.0倍にするために.DurationTierを編集するとBox12-4のようになります。修正した箇

```
File type = "ooTextFile"
Object class = "DurationTier"


0
0.43464852607709753
4                                    ←ポイントの数
0.173030                             ←1点目の時刻
1.0                                  ←1点目の倍率
0.173031                             ←2点目の時刻
2.0                                  ←2点目の倍率
0.256876                             ←3点目の時刻
2.0                                  ←3点目の倍率
0.256877                             ←4点目の時刻
1.0                                  ←4点目の倍率
```

[Box12-4]

所を下線で示します。

　以上の編集結果を再読み込みできるようにテキストファイルとして保存します。

3.3　ステップ3：原音声との統合

編集した.DurationTierファイルをPraatに読み込むには、[Open] → [Read from file...] を使います。ファイルに誤りなどがなければ新しいDurationTierオブジェクトが現れます。このDurationTierを音声と統合するには、その音声のManipulationオブジェクトとDurationTierオブジェクトの両方を同時に選択し、[Replace duration tier] を押します。すると、Manipulationオブジェクトに入っていた情報が、編集したDurationTierオブジェクトの中身に置き換わります (図12-4)。この結果を音声ファイルとして保存するには、Mエディターの [File] → [Publish resynthesis] を実行してSoundオブジェクトを作り、[Save] → [Save as WAV file...] などで保存します (図12-5)。

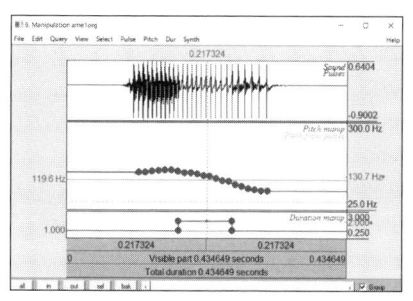

[図12-4]
編集したDurationTierを適用

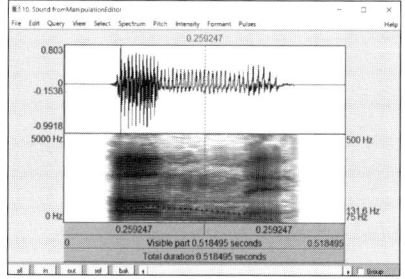

[図12-5]
「雨」の/m/を2.0倍に伸ばした音声

4 音声学実習：ピッチを体系的に変えてみる

より体系的なピッチの操作の演習として、ピッチ曲線がある型から別の型へ徐々に変化する音声の連続体をつくってみることにします。

演習 アクセント型の連続体をつくってみましょう。

①単語ペアを決めて音声を録音します。

母音・子音の並びが同じでアクセント型だけが異なる単語ペアを考えて、音声ファイルを用意しましょう。

▶①解答例

単語ペアは何でも構いませんが、あとでピッチ曲線を操作するので、ピッチ曲線が途切れる音（無声子音、無声化された母音など）が含まれない単語を選ぶとよいでしょう。ここでは第8章でも扱った「雨」(頭高型) と「飴」(平板型)の音声を例として取り上げます。

②単語ペアのピッチ曲線を測定し、数値の連続体を計算します。

まず、2つの音声のピッチ曲線を測定してPitchTierファイルを作ります。次に、連続体を何段階にするかを決めます。最後に、両端のピッチの値と段階数を基に中間の各段階のピッチの値を計算して、段階ごとのPitchTierファイルをつくります。

▶②解答例

ピッチ曲線の連続体の作り方には色々な方法が考えられますが、ここでは2つの音声のピッチ曲線をMエディターのStylize pitchを使って簡略化して、ピッチの値を徐々に変化させることで連続体をつくります。

まず、「雨」と「飴」の音声からManipulationオブジェクトをつくり、Mエディターの［Pitch］→［Stylize pitch］を使って簡略化します。ここでは frequency resolutionを2.0セミトーンにして簡略化します。その結果を図 12-6に示します。簡略化したピッチ曲線を［Extract pitch tier］を使って

PitchTierオブジェクトに抽出し、テキストファイルに保存します。

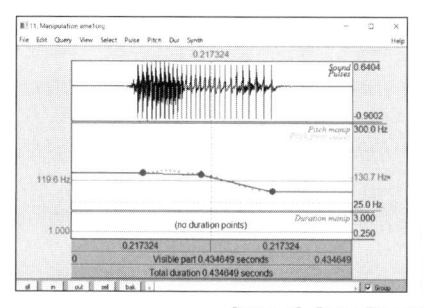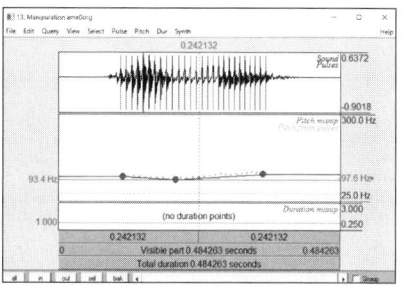

［図12-6］「雨」と「飴」の簡略化されたピッチ曲線

　図12-6が示すように、2つの音声のピッチ曲線を簡略化したら両方とも3つの点となりました。その3つの点の時刻と周波数を表12-1に示します。この表が示すように、3つの点の時刻がだいたい同じになりました。そこで、この3つの点を例えば「雨」から「飴」に向かって「縦に」少しずつずらすことでピッチ曲線の連続体をつくることにします。もし、対応する点の時刻が大きくずれている場合は、時刻も少しずつずらすほうがよいかも知れません。

［表12-1］簡略化されたピッチ曲線の時刻(s)とピッチ(Hz)

	雨		飴	
	時刻	ピッチ	時刻 (s)	ピッチ
1点目	0.112	143.0	0.112	103.0
2点目	0.202	138.0	0.202	93.0
3点目	0.312	84.4	0.352	110.4

　ここでは「雨」から「飴」に徐々に変化する5段階の連続体をつくることにします。ピッチの測定点ごとに、中間の値を算出します。例えば、1点目は143.0Hzから103.0Hzまで−40.0Hz変化します。これを5段階に分けると、1ステップごとに−40.0÷4＝−10.0Hz変化することになります。このような計算を全ての点に対して行うと表12-2のようになります。

[表12-2] 連続体の段階ごとのピッチの値

	刺激番号				
	1（雨）	2	3	4	5（飴）
1点目	143.0	133.0	123.0	113.0	103.0
2点目	138.0	126.8	115.5	104.3	93.0
3点目	84.4	90.9	97.4	103.9	110.4

　表12-2に従って段階ごとの.PitchTierファイルを作るためには、「雨」の.PitchTierファイルのコピーを4つ作成し、1つずつテキストエディターで開いてピッチの値を表12.2の内容通りに修正します。元々のPitchTierと合わせて全部で5つのPitchTierファイルを用意することになります。ファイルを保存する時は連続体の何番目かが分かるように番号を付けるとよいでしょう。

③原音声と統合します。

　修正したPitchTierを1つずつ原音声と統合して連続体の音声を再合成します。

▶③解答例

2つの単語のどちらかを原音声にします（ここでは「雨」にします）。原音声のManipulationオブジェクトをつくり、さきほど編集した5つのPitchTierファイルをPraatで開きます。1つ1つのPitchTierオブジェクトについて、①Manipulationオブジェクトと同時に選択する→②［Replace pitch tier］をクリックして統合する→③［Publish resynthesis］を選んで再合成された音声をSoundオブジェクトに出力する→④Soundオブジェクトを音声ファイルに保存する、という一連の処理を繰り返して、連続体音声を再合成します。

　連続体を構成する5つのPitchTierファイルをピクチャーウィンドウに出力したものを図12-7に示します。

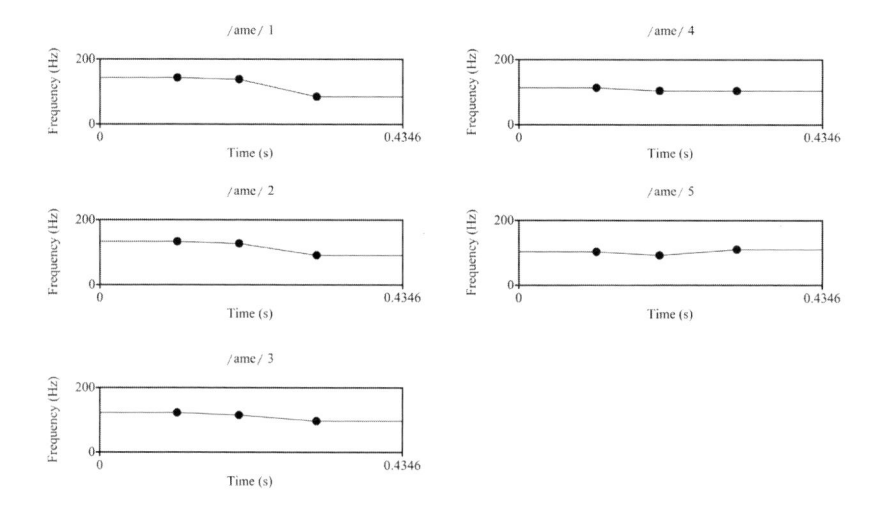

［図12-7］ 「雨」「飴」の連続体を構成する5つPitchTier

13 音声知覚実験(2)
より複雑な音声実験構築

第9章では、Praatでの音声実験構築の基礎を学びました。本章ではその発展として、より細かな記述が必要な実験の構築について学びます。また、Excelへの実験結果の読み込みと分析のためのデータの加工方法についても学びます。本章で扱うのは、実験の各試行で1つの音声が呈示される同定実験と適合度評定に関わる要素です。

1 実験の実施

1.1 適合度評定を行う場合

本節ではサポートサイトの実験ファイルのサンプル「ident_goodness.txt」の内容をもとに説明を進めます。第9章で紹介した同定実験のサンプル「ident」では、呈示された音声が、選択肢（「雨」または「飴」）のどちらに聴こえるかを問う実験でした。このような実験では、さらに呈示された音声が選択された選択肢の音声として「どの程度良いか」または、その選択に「どの程度の自信・確信があるか」を問うことがあります。

　Praatの音声実験では、「ident_goodness.txt」のように記述することで適合度評定を行うことができます。「ident」との違いは、実験ファイルの最後の部分にBox13-1の記述があることです。

　Box13-1の1行目の数値で判定の段階数を指定しています。この例の場合、5段階を指定したことになります。2行目以降に判定段階数分（5段階）のボタンの設定をリストにして記述します。最初の4つの数字は位置の指定です。これらの数値の記述は、第9章で扱った反応ボタンなどと同じ方法で行いま

```
numberOfGoodnessCategories = 5
    0.25 0.35 0.10 0.20 "1 (poor)" 24 ""
    0.35 0.45 0.10 0.20 "2" 24 ""
    0.45 0.55 0.10 0.20 "3" 24 ""
    0.55 0.65 0.10 0.20 "4" 24 ""
    0.65 0.75 0.10 0.20 "5 (good)" 24 ""
```

[Box13-1] 適合度評定を行う場合の記述

す。最初のダブルコーテーションの中に各ボタンのラベルを記述します。次の数字（Box13-1では24）で、ボタンの文字の大きさを指定します。最後のダブルコーテーションの中にキーボード操作時の反応キーを指定します（不要な場合はこの例のように空にします）。図13-1は、適合度評定付きの実験画面です。

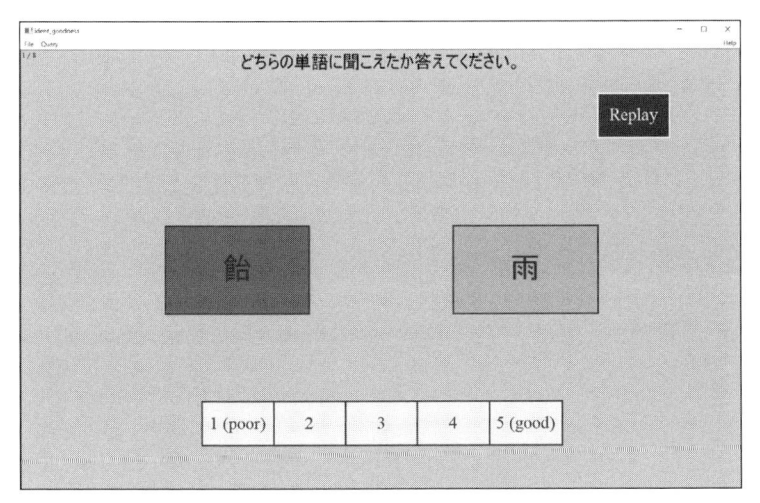

[図13-1] 適合度判定付きの実験画面

　この例の場合、実験の参加者はまず、呈示された音声が「雨」なのか「飴」なのかを回答します。いずれかの反応ボタンが選択されると、そのボタンは赤色に変化します（図は「飴」が選択された状態です）。次に参加者は、呈示された

音声がどの程度、選択された音声として良いかを5段階で評定する流れになります。図の状態では、提示された音声がどの程度「飴」として良いかを評定することになります。

　適合度評定付きの実験では、実験結果に「goodness」という列が追加され、各試行の適合度の判定値が出力されます。

1.2　適合度評定のみを行う場合

本節ではサポートサイトの実験ファイルのサンプル「only_goodness.txt」の内容をもとに説明を進めます。実験によっては、適合度評定のみを行う場合が考えられます。その場合は、「only_goodness」のように反応ボタンを利用することで、図13-2のように適合度評定のみを行うことができます。

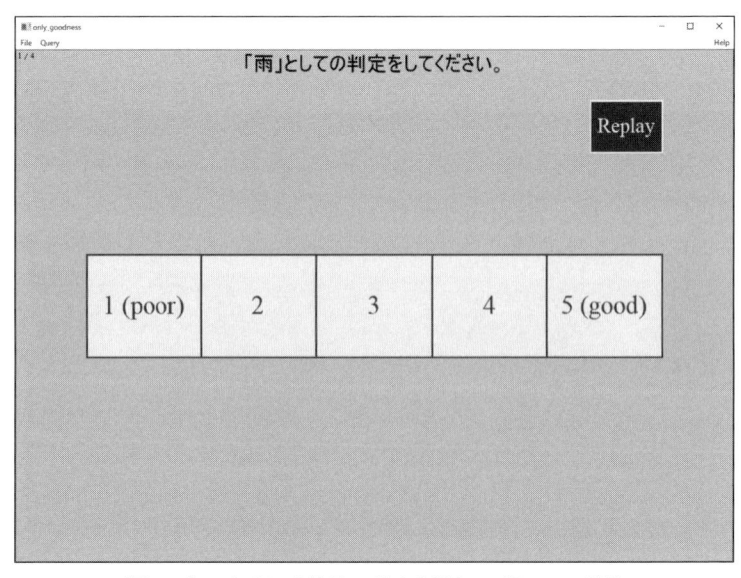

[図13-2] 反応ボタンを使用して適合度判定のみ行っている試行

　「only_goodness」では、反応ボタンに関わる記述をBox13-2のようにしています。

　反応ボタンの記述は第9章の方法と同じです。「ident_goodness.txt」(Box13-1)

```
numberOfDifferentResponses = 5
 0.10 0.26 0.40 0.60 "1 (poor)" 30 "" "1"
 0.26 0.42 0.40 0.60 "2" 30 "" "2"
 0.42 0.58 0.40 0.60 "3" 30 "" "3"
 0.58 0.74 0.40 0.60 "4" 30 "" "4"
 0.74 0.90 0.40 0.60 "5 (good)" 30 "" "5"
numberOfGoodnessCategories = 0
```

[Box13-2] 反応ボタンを利用した適合度評定

とは異なり、この例では、Praatが用意する適合度評定の機能は利用しません。
よって、Box13-2の最終行のnumberOfGoodnessCategoriesは、0に設定します。

1.3 試行毎に異なる指示文を表示する場合

先の適合度評定を加えた2つのサンプル実験では、呈示された音声の「雨」
としての適合度を問いました。しかし、同一の音声に対して「雨」だけでは
なく「飴」としての適合度を問うような実験を構築する事が考えられます。
その場合、指示文は全ての試行で統一された文ではなく、試行毎に異なる文
を表示する必要があります。また、本書でのサンプル実験では「雨」と「飴」
のみが使われていますが、実際の実験では多くの単語を使用することも考え
られます。その場合にも、試行毎に指示文を変更する必要があるでしょう。

　Box13-3のように「音声リスト」の記述を行うことで、試行毎に表示され
る指示文を指定することができます。

　Box13-3の編集例のように、1つ目のダブルコーテーションの中に呈示する
音声ファイルの名前、2つ目のダブルコーテーションの中にその音声ファイ

```
numberOfDifferentStimuli = 4
 "ame0syn1_rain" "「雨」としての判定をして下さい。"
 "ame0syn1_candy" "「飴」としての判定をして下さい。"
 "ame0syn8_rain" "「雨」としての判定をして下さい。"
 "ame0syn8_candy" "「飴」としての判定をして下さい。"
```

[Box13-3] 試行毎に異なる指示文を表示する編集例

ルに対して表示したい指示文を記述します。第9章の「ident」のように2つ目のダブルコーテーションの中を空にすると（第9章Box9-5）、「runText」（第9章Box9-9）で設定した指示文が表示されます。

　実験結果には、どのような指示文を表示したかは出力されません。そのため、次のBox13-4のような記述を行うと、分析が不可能になってしまうことに注意が必要です。

```
"ame0syn1"  "「雨」としての判定をして下さい。"
"ame0syn1"  "「飴」としての判定をして下さい。"
```

[Box13-4] 望ましくない編集例

　この例の場合、実験結果のstimulusの列にはどちらの試行に対しても「ame0syn1」が出力されます。各試行の指示文に関する出力はされませんので実験結果のresultsの列に出力される値が「雨」としての評定値なのか「飴」としての評定値なのかを判別することは不可能です。同一の音声を使用して異なる評定を得るような場合は、音声ファイルを複製し、Box13-3の編集例のように異なるファイル名にして呈示するのが良いでしょう。この例では、「ame0syn1」という1つの音声ファイルを音声を複製し「雨」として評定される試行用に「ame0syn1_rain」、「飴」として評定される試行用に「ame0syn1_candy」として使用しています。Box13-3の実験結果では、stimulusの列に出力される音声ファイル名から指示文が何だったかを読み取ることが可能です。ファイル名に「_rain」が付いていれば「雨」として評定され、「_candy」が付いていれば「飴」として評定されたことがわかります。

1.4　試行毎に反応ボタンのラベルを変更する場合

本節ではサポートサイトの実験ファイルのサンプル「ident_balanced.txt」の内容をもとに説明を進めます。第9章の「ident」では、全ての試行で「飴」ボタンが画面の左側に、「雨」ボタンが画面の右側に表示されますが、そのように選択肢の表示位置・内容が固定化されていると、参加者の反応に偏りが生じ、実験結果に望ましくない影響を及ぼす可能性があります。この影響を考慮するならば、図13-3のようにボタンのラベル（表示位置）をカウンターバ

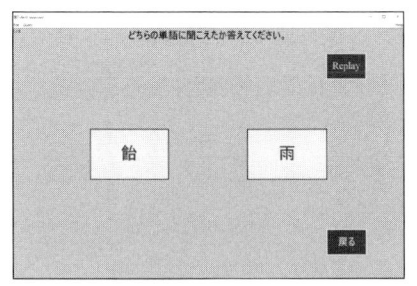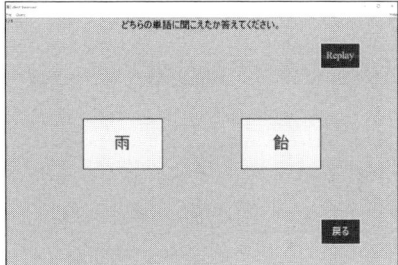

[図13-3]「飴」―「雨」と「雨」―「飴」が表示されている画面

```
numberOfDifferentStimuli = 8
  "ame0syn1" "|飴|雨"
  "ame0syn1" "|雨|飴"
  "ame0syn2" "|飴|雨"
  "ame0syn2" "|雨|飴"
  "ame0syn8" "|飴|雨"
  "ame0syn8" "|雨|飴"
  "ame0syn9" "|飴|雨"
  "ame0syn9" "|雨|飴"
```

[Box13-5] ボタンの位置をカウンターバランスする編集例

ランスするのが良いでしょう。反応ボタンのラベルを調整したサンプル実験
が「ident_ balanced」です。

　Box13-5は、「ident_balanced」の音声リストの編集例です。リストの各行
の最初のダブルコーテーションの中に音声の名前を記述することは、これま
での例と同様です。2つ目のダブルコーテーションの中を「|」(半角縦線) で区
切り、反応ボタンの1つ目 (左側) に表示されるラベル、2つ目 (右側) に表示
されるラベルを指定します。Box13-5では、2行目および3行目の試行で、呈
示される音声ファイルは同一の「ame0syn1」ですが、2行目では左側のボタ
ンが「飴」、右側のボタンが「雨」(図13-3の左側の画面)、3行目では左側のボタ
ンが「雨」、右側のボタンが「飴」(図13-3の右側の画面) として表示されます。

　反応ボタンの設定にも注意が必要です。「ident」(Box13-6) と「ident_
balanced」(Box13-7) の記述を比較します。

```
0.2 0.4 0.4 0.6 "飴" 40 "" "飴"
0.6 0.8 0.4 0.6 "雨" 40 "" "雨"
```

［Box13-6］「ident」の反応ボタンの記述

```
0.2 0.4 0.4 0.6 "" 40 "" "left"
0.6 0.8 0.4 0.6 "" 40 "" "right"
```

［Box13-7］「ident_balanced」の反応ボタンの記述

　「ident」の場合は、1つ目のダブルコーテーションの中に各反応ボタンのラベルを指定しますが、「ident_balanced」の場合は空にします。ラベルの指定はBox13-5のように音声リストで行うからです。3つ目のダブルコーテーションで、結果への出力を記述しますが、「ident_balanced」では、1つの反応ボタンに対するラベルが試行によって変動するため、「どのボタンが選択されたか」を結果に出力するようにします。左側のボタンが選択された場合は「left」、右側のボタンが選択された場合には「right」が出力されます。この実験を実施した結果は、図13-4のようになります。

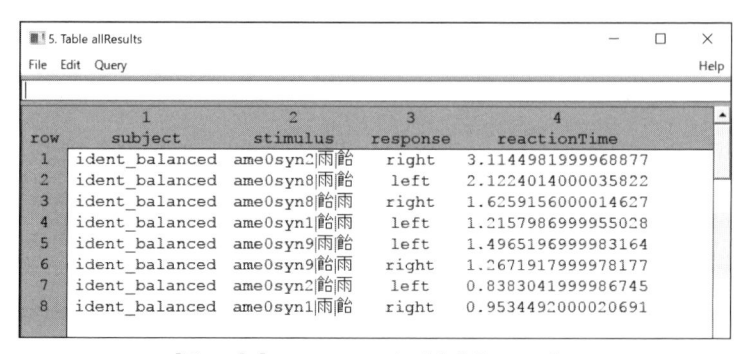

［図13-4］「ident_balanced」の実施結果のサンプル

　stimulusの列の内容（音声の名前|左のボタンのラベル|右のボタンのラベル）、responseの列の内容（どのボタンが選択されたか）から、各試行で何が選択されたか読み取ることができます。

2　Excelを用いた結果の分析に向けて

実施した実験の結果は、テキストファイルで出力することが出来ます。テキストファイルをそのまま分析することも出来ますが、Excelを使うことも出来ます。「ident_balanced」の実施結果 (図13-4) を例に、本節では一旦Praatから離れ、Excelへの実験結果の読み込み方法、分析のためのデータの加工例を紹介します。

　まず、実験結果の出力 (第9章) を行い、タブ区切りのテキストファイルとして保存します。次に、Excelでそのテキストファイルを開きます。ファイルの選択画面でテキストファイルが表示されない場合は、「ファイルを開く」画面右下の「すべてのファイル」を選択して全てのファイルを表示します。分析対象のファイルを選択するとテキストファイルウィザード (図13-5) が開きます。

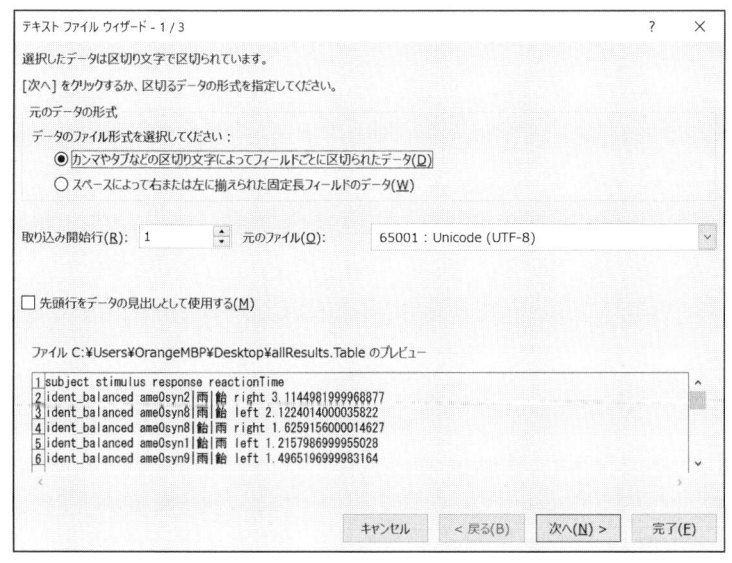

［図13-5］「テキストファイルウィザード 1/3」の画面

画面上部のデータのファイル形式を選択する部分では「カンマやタブなどの区切り文字によってフィールドごとに区切られたデータ」を選択します。画面の下のプレビューを見て、文字化けなどが起きていなければ「次へ」をクリックします。文字化けが起きている場合は、「元のファイル」の部分を「シフトJIS」など他の形式に変更することで直る場合があります。直らない場合は、Excelでファイルを開く前にメモ帳などでファイルを開き、ANSIなどExcelで読み込める別の文字コードで保存した後に、Excelで開きましょう。

　次の画面（図13-6）で区切り文字を指定します。「タブ」と「その他」にチェックを入れ、「その他」の入力欄に「|」(半角縦線) を入力します。

［図13-6］「テキストファイルウィザード 2/3」の画面

　「完了」をクリックすると、Excelに結果が読み込まれます。ファイルを見ると、元々stimulus列に入っていた情報が3列（C-E列）に分割されたのが分かります。列が2つ増えた分、元々の見出しがずれてしまいますので、「response」、「reactionTime」を2セル分、右に移動し、セルC1とD2にそれ

ぞれ「left_button」、「right_button」といった見出しを入力します。

次に、セルG1に「selected_button」といった新たな列見出しを入力し、セルG2に参加者が選択したラベルを自動計算するため、以下の式を入力します。

```
=IF(E2="left", C2, IF(E2="right", D2, ""))
```

[Box13-8] 入力する式

このセルG2の式をG列の他のセルにコピー&ペーストします。するとG列に参加者が選択したラベルを表示することができます（図13-7）。

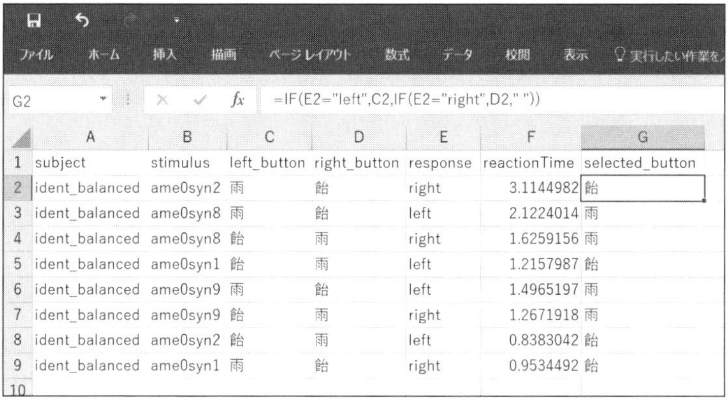

[図13-7] 結果をExcelに読み込み、分析用に加工

本節では、「ident_balanced」のようなPraatの出力からは特に分析が困難な例をもとにExcelへの読み込み方法について紹介しました。使用しているOSやExcelのバージョンによって画面の構成やメニューの内容に若干の違いありますが、テキストウィザードを使用して「カンマやタブなどの区切り文字によってフィールドごとに区切られたデータ」というような名前のコマンドを実行し、テキストデータをタブで区切ってExcelのセルに分割して読み込む手

順は実験の内容を問わず共通していると思われます。読み込みができたら後は、目的に応じて分析をしましょう。

3　失敗の予防のために

3.1　結果のsubjectは実験のファイル名

第9章で触れたように、実験結果のsubject列に入力されるのは、実験のファイル名であり、実験参加者のIDではありません。同一の実験を複数の参加者が実施しても、この列の値は参加者によらず全て同一になってしまうため、結果分析の困難点になり得ます。次のような方法で対策を講じましょう。

● 参加者毎の結果ファイルをExcelに読み込んだ後、subject列の内容を参加者固有のIDに入力し直す。
● Praatのオブジェクトウィンドウに実験を読み込んだ後、実験オブジェクトを［Rename...］してから実験を実施する。

3.2　Extractする前にRunしないように

Praatでは、実験を［Run］する度に結果を初期化してしまいます。そのため、ある実験が完了し［Extract results］をする前に［Run］をクリックしてしまうと、実施した実験の結果は消えてしまいます。画面 (図13-8) を見るとわかるように、［Run］ボタンと［Extract results］ボタンの位置は近く、誤って［Run］ボタンをクリックしてしまうという事故が起きることがあります。完全な対策は難しいですが、複数の実験オブジェクトを用いることで、失敗を最小限にできます。

　図13-8のように複数の実験オブジェクトを選択した状態で［Run］すると、連続的に実験が実施されます。実験の練習用の実験オブジェクト (図13-8では「ExperimentMFC practice」) を本実験用の実験オブジェクト (図13-8では「ExperimentMFC ident」) の前に配置することで、誤って［Run］をクリックしてしまっても、本実験が開始されるまでに実験を中止できれば、前に実施した本実験の結果を初期化させずに残すことができます (前の練習用の実験オブジェクトの結果は消えてしまいます)。

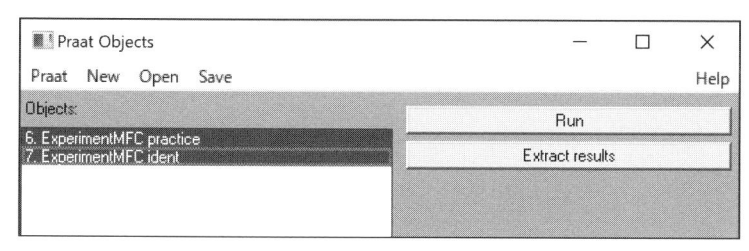

[図13-8] 実験ファイルが読み込まれたオブジェクトウィンドウ

4　音声実験構築・分析演習

本章では第9章の発展という形で、より細かな記述が必要な実験、その結果
の分析のための手順を学びました。合成音声を使用して実験を構築・実施し、
その結果を分析してみましょう。

演習1　第12章で作成した合成音声を使用し、適合度判定のみを行う実験を
　　　　構築しましょう。

演習2　演習1で作った実験を実施し、結果をExcelで読みこんで、ピッチの
　　　　変動が適合度評定に影響を及ぼしているかどうか分析してみましょ
　　　　う。

14 スクリプトの作成 (3)
情報をテキストグリッドから取り出す

本章では、第5章、第10章に引き続いて、スクリプトの解説を行っていきます。また、音声分析については第6章の内容を引き継いだ形になっています。まず、14.1節では、スクリプトを用いて情報を取り出すことを念頭に置いた、テキストグリッドのデザインについて概略を説明します。14.2節では、そのテキストグリッドの情報のある部分だけに焦点を当て、スクリプトによる処理の練習をします。14.3節では複数の様々な情報を取り出す方法の解説を行います。

1 テキストグリッドとスクリプト

実際の音声研究の現場では、素材の選定、実験デザインの決定、実験参加者への依頼・スケジューリング、録音、音響分析、統計分析、などの様々な作業が並行して進むことが多いでしょう。しかし、スクリプトによる処理を予定しているか否かによって、素材の選定や、実験の手順などが大きく影響を受けることもあります。例えば、ある区間のピッチの最高点の計測は、query コマンド (第6章参照) をスクリプト処理の中で使えば、大いに省力化できます。そのためにはまず「ある区間」の両端が定義しやすく、マーカー線を迷いなく入れられる素材、例えば母音と鼻音の境界、破裂音のバーストなどが使われていることが望ましい、と考えられます。さらには、数十個の単語を20人以上の参加者に数回繰り返して発音してもらう、という規模の実験になると、スクリプトを前提として進めなければ作業の終了も見えてこないでしょう。より具体的には、第10章で練習した for ループを用いて、情報をテ

キストグリッドから取り出す方法と、そのためにテキストグリッドの入力時点から気をつけなければいけないことを述べていきます。

　第10章で見たように、for ループの基本構造は以下の通りです。

```
1    for 数値変数名 from 始点 to 終点
2      処理
3    endfor
```

[Box14-1]

　従ってテキストグリッドの1つの層に要素数がいくつあるかを知れば、その数を終点として for ループを回す処理が可能になります。そのためのコマンドとして、Get number of intervals と Get number of points という2つがあります。どちらも、引数として層の番号を必要とします。第4章と同じように、4層設けるとすると、各層には Word=1, Segment=2, Tone=3, Note=4 という番号が振られるので、その番号を指定すればよいのです。

　さて、Get number of intervals: 1 というコードで、第1層目、すなわち Word層のインターバル要素数が得られたとします。インターバルを順番に1つ1つ見ていくと、図14-1では［空白］［pin］［空白］［bin］［空白］という並びが得られます。Segment 層についても同様で、［空白］［p］［i］［n］［空白］［b］［i］［n］［空白］という並びが得られます。しかし、Word層と Segment 層の間にはこの時点で何の連携もありません。Segment 層の［i］が［pin］の［i］なのか［bin］の［i］なのかは順番に見ていくだけでは分からないのです。

　連携を取るためには、時間軸の情報が重要になります。単語の始端と終端の時刻を取り出し、その範囲内に収まっている分節やポイント層の情報だけがその単語に属している、と判定するわけです。従って単語からはんの少しでもはみ出した位置にある分節は、帰属が不明になってしまいます。

　同じことは、Tone層やNote層に書き込む情報についても当てはまります。時間軸上の単語の範囲内に収まらないところに何を書いても、単語ごとに for ループを回すスクリプトでは拾えません。

　図14-1では、Word要素の長さを非常に広く取っています。実は、「これは＿＿＿です」というキャリア文に「ピン」と「ビン」という単語を入れて読ん

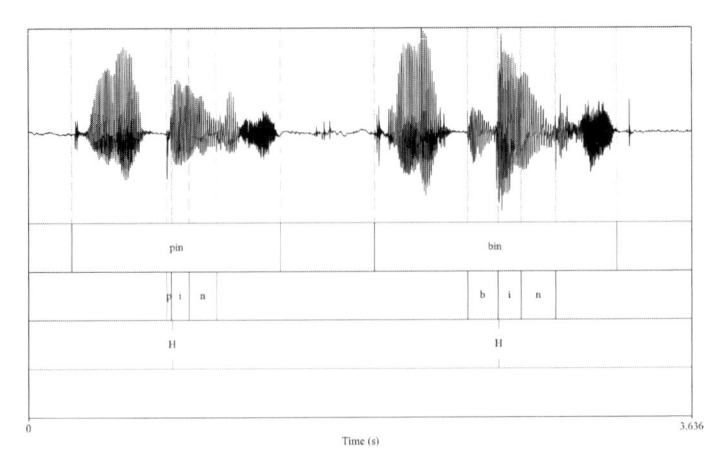

[図14-1] テキストグリッドの例

でいるのですが、Word層ではキャリア文を含んだ全体を［pin］や［bin］と
書き表しています。Word層はSegment層の帰属を表すためだけの記号なので、
分析者自身が了解していれば、情報をどんどん省略しても構わないのです。

　つまり、スクリプト処理を念頭に置くということは、インターバル要素の
重なりやはみ出しに気を使うだけでなく、最終的に必要な情報以外は省略し
たデザインを考えるということでもあります（もちろん、スクリプト処理だけを目的
とするのではなく、例えば、汎用性の高いコーパスとしての利用を視野に入れているならば、全て
の区間について、それを見るだけで分かるような完結性のある入力体系をデザインする必要がある
でしょう）。

2　母音の持続時間を示すスクリプト

それでは、図14-1のように単語がいくつか続けて録音されている素材から、
一種類の情報だけを一気に取り出すスクリプトを作っていきましょう。ここ
では、母音の持続時間を扱うことにします。音声ファイルはpinbin.wav、テ
キストグリッドファイルはpinbin.TextGridという名前で、以下のスクリプト
と同じフォルダ内にあるものとします。

```
1    # getVdur.praat
2    # get vowel duration
3    # NAME, DATE
4    Read from file: "pinbin.TextGrid"
5    w = Get number of intervals: 1
6    for i to w
7      word$ = Get label of interval: 1, i
8      if index_regex(word$," [a-zA-Z] ") > 0
9        wstart = Get starting point: 1, i
10       wend = Get end point: 1, i
11       s = Get number of intervals: 2
12       for j to s
13         seg$ = Get label of interval: 2, j
14         if index_regex(seg$," [aiueo] ") > 0
15           sstart = Get starting point: 2, j
16           send = Get end point: 2, j
17           if sstart >= wstart && send <=wend
18             sdur = send - sstart
19             appendInfoLine: word$, tab$, seg$, tab$,
                                   sdur, tab$, i, tab$, j
20           endif ; if sstart
21         endif ; if index_regex(seg$)
22       endfor ; for j to s
23     endif ; if index_regex(word$)
24   endfor ; for i to w
```

[Box14-2]

このスクリプトの大まかな流れをまず説明します。外側のforループをWord
層について回し、各インターバルを調べます。何か文字が入ったインターバ
ルがあったら、その始端と終端の時刻を変数に入れておき、内側のforループ
に入ります。Segment層のインターバルを順番に調べて、母音があったら、そ
の始端と終端を別な変数に入れます。Word層の始端と終端の中に収まってい
る時だけ、その長さを計算して画面に表示します。

「〜があったら」とか「〜時だけ」というのがif文に相当することが分かる

と、スクリプトだけを見て上記の説明が徐々に頭の中に浮かび上がってくるのではないでしょうか。ではここから細かいところを説明します。

- 5行目：wは数値変数で、1番目の層のインターバル数を格納します。この場合は空白も含めて合計5つのインターバルがあるので、w=5が入ります。
- 6行目：iはforループのための数値変数で、始点は省略していますが1が与えられます。この値はwに達するまで、順番に増えていきます。
- 7行目：word$という文字列変数にインターバルのラベルをセットします。空白の場合も「空白」がセットされます。
- 8行目：word$に文字が入っているかどうかをチェックします。この行全体は「word$の中身に小文字大文字のアルファベットのどれかが1文字でも含まれていたら」という意味で、「どれかに一致」という部分に正規表現(regular expression)という約束事を用いています[1]。index_regex()は正規表現を用いて、一致するものがあればその場所(index)を答え、なければ「0」を返す関数です。従って「>0」が成り立つならば、一致があったと言えるわけです。
- 9-10行目：i番目のインターバルの始端と終端の時刻をそれぞれwstartとwendという数値変数にセットします。
- 12行目：jを数値変数とするforループです。
- 13行目：Segment層のj番目のインターバルを1つずつ見て、seg$変数にそのラベルを格納しています。
- 14行目：seg$変数に入っているのが母音［aiueo］かどうかを正規表現を用いて判定しています。
- 15、16行目：Segment層のj番目のインターバルの始点と終点をそれぞれ変数sstartと変数sendに格納しています。
- 17行目：これが前節で述べた、「単語への帰属」をチェックするコードです。Segment層のあるインターバルの始端は単語の始端よりも大きい (つまり時間的に後にある) ことはsstart>=wstartと表せます。また、そのインターバルの終点は単語の終端よりも小さい (つまり時間的に前にある) ことはsend <= wendと表せます。この2つの不等式を論理積 (&&) でつなぐと、両方の不等式を同時に満たす、つまりそのインターバルは単語の内側にある、とい

うことが分かります。

- 18行目: ここで初めて分節の持続時間を計算します。
- 19行目: インフォウィンドウに結果を書き出します。項目間の区切りとしてタブ（tab$という変数が既定値としてそれを表します）を用い、プログラムの動きを示すために、for ループの数値変数である i と j も表示するようにしています。また、紙面の横幅が足りないので、折りたたんで表示していますが、スクリプトエディター上では1行で表示できます。
- 20-24行目: if や for は全て、endif や endfor で閉じなければなりません。個人的な好みですが、上記のようにどの if や for にそれぞれ対応しているのかを「;」の後にコメントで書いておくと、編集の際に便利だと思います。

さて、このスクリプトの出力は以下のようになります。

```
pin    i      0.09518309888057785    2       3
bin    i      0.12558060261141435    4       7
```

[Box14-3]

最後の2列の数字は i と j を表示させたので、1行目は Word 層の2番目のインターバルの中にある Segment 層の3番目のインターバル、2行目は Word 層の4番目のインターバルの中にある Segment 層の7番目のインターバルを拾っていることがわかります。

　「単語への帰属」の理解に念を入れるため、ここで少し細工をしてみましょう。17行目と20行目の先頭に # を入れてコメントアウトしてみてください。保存して［Run］すると、特にエラーは出ません。しかし出力は以下のようになります。

```
pin      i      0.09518309888057785      2      3
pin      i      0.12558060261141435      2      7
bin      i      0.09518309888057785      4      3
bin      i      0.12558060261141435      4      7
```

[Box14-4]

　このまま読むと、［pin］の［i］は0.095秒余りのものと0.125秒余りのもの
と2つある、ということになってしまいます。もちろんこれは誤りです。最
後の2列に注目すると、i=2に対して、j=3とj=7の2つ、i=4に対してもj=3と
j=7の二つを拾っていることが分かります。つまり［pin］と［bin］という単
語の母音を二重に数えてしまって、どちらの単語にどの母音が属しているの
か区別できていないのです。

　このように、iとjを表示すると、forループを回していく動作を頭の中でイ
メージしやすくなると同時に、出力が意図したものであるかを入念にチェッ
クするのに役立ちます。プログラミング一般に陥りやすい罠として、エラー
が出ている間は必死になってそれをつぶすことに集中するものの、エラーが
出なくなると安心してしまうという人間心理の盲点があります。しかし、エ
ラーが出なくなってからが危険なこともよくあります。出力は本当に意図し
たものか、何かおかしな値が混じってないか、ラベリングの時に打ち間違っ
てスキップされたインターバルはないか、など、いくつかの視点からチェッ
クを行うよう常に心がけてください。

3　より実用的なスクリプト

前節では、母音の持続時間だけを測定するgetVdur.praatというスクリプトを
紹介しました。本節では、それを元に、実際の研究で使うような場面を想定
して、いくつかの機能拡張を試みます。

　まずは、第6章で紹介したオブジェクトとクエリーの中から、フォルマン
トに関するものをスクリプトの中に組み込んでみましょう。そこで、スクリ
プトの冒頭で、Formantオブジェクトを作ることにします。ただ、その前に、
オブジェクトのID番号とオブジェクトのセレクトについて説明をしておかな

ければなりません。実はgetVdur.praatというスクリプトは、テキストグリッドを1つ読み込んで処理を行うだけで、オブジェクトも1つしかありませんでした。複数のオブジェクトを扱う場合には、Praatに対して、今、どのオブジェクトを相手にしているのかを教えてあげなければなりません。

そのための簡単な仕組みとしてオブジェクトIDというものがあります。これはPraatの中でオブジェクトが作られた順番に番号が振られているもので、オブジェクトウィンドウの左端に表示されています。スクリプトの中でその番号を扱うには、数値変数を等号の左辺に置き、右辺にはRead from fileなどオブジェクトを作るコマンドを置きます。数値変数にはオブジェクトの種類に応じてwavIDなどとわかりやすい名前をつけておくとよいでしょう。では、以下のコードをまるごとgetVdur.praatの4行目と入れ替える形で書いてみましょう。

```
1  tgID = Read from file: "pinbin.TextGrid"
2  sndID = Read from file: "pinbin.wav"
3  formantID = To Formant (burg): 0, 5, 5500, 0.025, 50
4  selectObject: tgID
```

[Box14-5]

この部分コードの最初の2行は、ファイルを読み込んでオブジェクトIDを付けています。3行目ではSoundオブジェクトからFormantオブジェクトを作るためにTo Formant (burg) というコマンドを使います。行後半の5つの数字はこのコマンドの引数ですが、実は第6章の図6-9、設定ウィンドウにデフォルトで現れるものを上から順番に書き並べているだけです[2]。

このようにして3つのオブジェクトができましたが、次からの作業はTextGridオブジェクトを扱うため、4行目selectObjectに数値変数tgIDを与えて、セレクトさせています。なお、オブジェクトのセレクトはforループに入るごとに行う必要があります。そのため、getVdur.praatの12行目と13行目の間にもselectObject: tgIDを入れておいてください。

実際にフォルマントを計測するのが次のコードです。ここでは、まず1行

目で母音の中央点 (smid)[3] の時刻を求め、そこにおける、F1 と F2 をヘルツ単位で、直線補完[4] によって求めています (3、4行目)。最後は、インフォウィンドウに書き出す部分ですが、小数点以下3桁の固定幅で表示せよ、という意味の fixed$() という関数を付け足しました。

```
1    smid = (send+sstart) / 2
2    selectObject: formantID
3    f1 = Get value at time: 1, smid, "Hertz", "Linear"
4    f2 = Get value at time: 2, smid, "Hertz", "Linear"
5    appendInfoLine: word$,tab$,seg$,tab$,fixed$(sdur,3),
        tab$,fixed$(f1,3),tab$,fixed$(f2,3)
```

[Box14-6]

　これをまるごと、getVdur.praat の19行目と入れ替えてください。最後にスクリプトの名前を getVdurf1f2.praat とし、コメントを適切に書き換えて保存しましょう。いささか長くなりすぎて、紙面に収まらないのが残念ですが、うまく入れ替えができれば、出力は以下のようになるはずです。

```
pin    i    0.095    284.542 2288.391
bin    i    0.126    267.982 2382.017
```

[Box14-7]

　さて、2つ目の機能拡張は、スクリプトそのものではありませんが、日々の使い勝手に影響する部分です。これまで、Praat のスクリプトはスクリプトエディターの中で編集し、そのメニューから［Run］を選んで実行してきました。しかし、ある程度以上長いコードの編集を行うとなると、ユーザーが普段使っているお気に入りのエディターで作業をしたくなるものです。すると、Praat 外のエディターで編集したものを Praat のスクリプトエディターにいちいちコピー＆ペーストしなければならないことになります。これでは能率が悪いので、Mac や Linux であればいわゆるターミナル、Windows であれば

コマンドプロンプトから直接スクリプトを起動させようと思います。

　Windowsではコマンドプロンプトを立ち上げたのち、

```
"C:\Program Files\Praat.exe" --run "スクリプト名.praat"
```

[Box14-8]

とタイプします。Macではターミナルで

```
/Applications/Praat.app/Contents/MacOS/Praat  --run  "スクリプト
名.praat"
```

[Box14-9]

とタイプします。これで直接「スクリプト名.praat」を起動できるようになります。事前にPraatを起動しておく必要はありません。また、すでにPraatが起動した状態であれば、それを乗っ取ってスクリプトを遂行します。なお、スクリプト名のところには第10章で学んだキャメルケースを用いて、スペースを入れないようにしておくと、--runの後の引用符""を省略できます。

4　スクリプトの機能拡張演習：一括処理

最後の機能拡張は演習としてやってみましょう。今までは1つの音声ファイルとそれに伴うTextGridファイルだけを扱ってきましたが、実際には、実験参加者が複数名、さらに、1人に何回か繰り返して発話してもらうことがあるでしょう。例えば、性別 (M/F) と、被験者番号2桁、試行番号1桁を組み合わせて、F011.wav, F012.wav, F021.wav, F022.wav…という具合に音声ファイルがあるとします。それぞれにTextGridをつける作業は手作業で頑張るしかありませんが、それが済んだら、全部をまとめて一気にスクリプトで処理し、結果を取り出せるようにしたいものです。

　手順としては、まず.wavファイルのリストを作ります。なお、.wavファイ

ルとスクリプトは同じフォルダに入れておきましょう。必要なコードは以下の1行です (*はワイルドカードと呼ばれ、「.wav」で終わるすべてのファイルを一括して扱えます)。

```
Create Strings as file list: list, *.wav
```

[Box14-10]

このリストの要素数を得るためのコードが次の1行です。

```
n = Get number of strings
```

[Box14-11]

　さて、後は、おなじみのforループをnまで回し、*.wavファイルの名前から*.TextGridファイルの名前を得たら、これまで作ってきたスクリプトにつなげるだけです。さあ、やってみましょう。

▶解答例
　紙面に収まらないのでサポートサイトに掲載します。

注
1　文字列のパターンを形式的に表す方法のことです。プログラミング言語のほとんどに実装されていて、検索や置換のパターンマッチに用いられます。
2　5つの引数は、[1] 時間ステップ(0ならば自動設定)、[2] 求めるフォルマント数の最大値, [3] 求めるフォルマントの最大周波数, [4] 時間窓の長さ, [5] プリエンファシス、です。このような音響分析の数理的な説明は例えば中川(2013)を参考にしてください。
3　中央点（smid）は始点（sstart）と終点（send）の平均を取ることで求めています。
4　フォルマントの値は、一定の時間幅ごとに離散的に求められているので、smidで指定した時刻には値が存在しない場合があります。その時刻の両側の値を直線的につないで、近似値を求めることを直線補完(Linear)としています。

参考文献
中川聖一（2013）「音声言語処理と自然言語処理」コロナ社

V

付録

スクリプトでよく使うコマンド

以下に、スクリプトでよく使うコマンドについてまとめてあります。名称は GUIにおいてメニューボタンなどをクリックするときに現れるもの（To Pitch...など）を用いていますが、例においては、スクリプトで使うことを念頭に置いて、コロン仕様（To Pitch: など）と表記しています。また、引数のデフォルト値はGUIメニューにおいて「Standards」として現れるものを記しています。これは標準的な値の例を示しているだけで、「スクリプト内で引数を省略したときに自動的に補われる値」という意味ではありません。

　Praatのすべてのコマンドを網羅したものではありませんが、本書で扱う範囲のスクリプトについては十分なはずです。ひとつ注意すべきこととして、同じコマンド名称であっても、対象によって引数が大幅に異なる場合があります。例えばGet mean... というコマンドはSound object を対象とする場合と、Formant object を対象とする場合で、引数の数も意味も異なります。

　しかし一方で対象が異なっていても、引数のほとんどは共通である場合や、他のコマンドから容易に類推できる場合もあります。GUIメニューにおいて「...」で終わるコマンドは大抵の場合まず設定ウィンドウが現れ、そこで指定する設定パラメーターを、スクリプト内では引数で与える、ということを理解しておけば、ここに現れていないコマンドについても応用ができるはずです。

名称	**appendInfo**
対象	変数、文字列
書式	appendInfo:
機能	インフォウィンドウに追加出力する（すでに表示されているものを消さない）。
引数	引数の数に制限はなく、コンマ「,」で区切っていくつでも与えることができる。変数名を与えると、変数の値が出力される。「""」の中にテキストを与えると、それがそのまま表示される。また、「tab$」によって項目間をタブ区切りにする。最後は自動的に改行はしないが、newline$ を引数に含めると、その位置で改行する。
例	appendInfo: "Results", tab$, stringVar$, tab$, numericVar 「Results」というテキスト、タブ、stringVar$ に格納された文字列、タブ、numericVar に格納された数値、の順で1行に表示。

名称	**appendInfoLine**
対象	変数、文字列
書式	appendInfoLine:
機能	インフォウィンドウに追加出力し（すでに表示されているものを消さない）、最後に改行する。
引数	appendInfo と同様。
例	appendInfo と同様。最後に改行する。

名称	**Extract part...**
対象	Sound object
書式	Extract part: Start, End, "WindowShape", RelativeWidth, PreserveTimes
機能	サウンドオブジェクトの指定した範囲を切り出す。
引数（デフォルト値）	Start（0）　切り出し区間の始端時刻、単位は秒 End（0.1）　切り出し区間の終端時刻 WindowShape（rectangular）　切り出しに使う窓関数を「rectangular, triangular, parabolic, Hanning, Hamming, Gaussian1, Gaussian2, Gaussian3, Gaussian4, Gaussian5, Kaiser1, Kaiser2」から選択 RelativeWidth（1.0）　切り出し区間に対する窓幅の比率 PreserveTimes（no）「no（=切り出し前の時間情報を保持しない）」、「yes（=切り出し前の時間情報を保持する）」から選択
例	**Extract part: 1.23, 2.18, "Hanning", 1, no** サウンドオブジェクトを1.23秒から2.18秒の間だけハニング窓を用いて切り出すが、元の時間情報は破棄し、新たに0秒から始める。

名称	**Extract part...**
対象	Textgrid object
書式	Extract part: Start, End, PreserveTimes
機能	テキストグリッドの指定した範囲を切り出す。
引数（デフォルト値）	Start(0)　切り出し区間の始端時刻、単位は秒 End(1.0)　切り出し区間の終端時刻 PreserveTimes 「no（=切り出し前の時間情報を保持しない）」、「yes（=切り出し前の時間情報を保持する)」から選択。
例	**Extract part: 1.23, 2.18, no** テキストグリッドを1.23秒から2.18秒の間だけ切り出すが、元の時間情報は破棄し、新たに0秒から始める。

名称	**form**
対象	なし
書式	form Title
	type variable default
	endform
機能	入力ウィンドウを表示し、ユーザーからの入力を受ける。
引数	Title 任意のタイトル。スペースが入っても構わない。
	type real 正負の実数
	positive 正の実数
	integer 正負の整数
	natural 自然数
	word スペースを含まない文字列
	sentence スペースを含みうる文字列
	boolean 0か1のどちらか
	choice 次の行から示す選択肢から選ばせる
	button choiceの下でボタンを示す
	option choiceの下でプルダウンメニューを示す
	variable ユーザーからの入力を入れる変数名。ただし、Praatのスクリプト一般の作法とは異なり、文字列変数であっても末尾に$を付けない。
	default デフォルト値（あらかじめウィンドウに表示されるもの）を与える
例	5.3節参照。

名称	**Get bandwidth at time...**
対象	Formant object
書式	Get bandwidth at time: FormantNum, Time, "Units", "Interpolation"
機能	指定時刻の指定フォルマントの帯域幅を求める。
引数（デフォルト値）	FormantNum（1） フォルマントの番号（F1, F2...の数）を指定
	Time（0.5） 測定時刻、単位は秒
	Units（Hertz） 単位を「Hertz, Bark」から選択
	Interpolation（Linear） 補間方法は直線のみ
例	**Get bandwidth at time: 1, 0.5, "Hertz", "Linear"**
	フォルマントオブジェクトの0.5秒時点におけるF1の帯域幅を単位Hzで求める。

名称	**Get label of interval...**
対象	Textgrid object
書式	Get label of interval: TierNum, IntervalNum
機能	テキストグリッドの指定したインターバル層における指定したインターバルのラベルを求める。
引数（デフォルト値）	TierNum（1） テキストグリッドにおける層の番号（上から1, 2...） IntervalNum（1） インターバルの番号（先頭から1, 2...）
例	**Get label of interval: 1, 1** テキストグリッドオブジェクトの1番目の層における最初のインターバルのラベルを求める。

名称	**Get label of point...**
対象	Textgrid object
書式	Get label of point: TierNum, IntervalNum
機能	テキストグリッドの指定したポイント層における指定したポイントのラベルを求める。
引数（デフォルト値）	TierNum（1） テキストグリッドにおける層の番号（上から1, 2...） PointNum（1） ポイントの番号（先頭から1, 2...）
例	**Get label of point: 1, 1** テキストグリッドオブジェクトの1番目の層における最初のポイントのラベルを求める。

名称	**Get minimum/maximum...**
対象	Formant object
書式	Get minimum/maximum: FormantNum, Start, End, "Units", "Interpolation"
機能	指定区間内の指定フォルマントの最小/最大値を求める。
引数（デフォルト値）	FormantNum（1） フォルマントの番号（F1, F2...の数）を指定 Start（0） 測定区間の始端時刻、単位は秒 End（0） 測定区間の終端時刻（0で全体の意） Units（Hertz） 単位を「Hertz, Bark」から選択 Interpolation（Parabolic） 補間方法を「None, Parabolic」から選択
例	**Get maximum: 1, 0, 0, "Hertz", "Parabolic"** フォルマントオブジェクトの全区間におけるF1の最大値を単位Hzで求める。補間方法は二次曲線。

<table>
<tr><td>名称</td><td>Get minimum/maximum...</td></tr>
</table>

名称	**Get minimum/maximum...**
対象	Sound object
書式	Get minimum/maximum: Start, End, "Interpolation"
機能	指定区間内の振幅の最小/最大値を求める。
引数(デフォルト値)	Start（0）　測定区間の始端時刻、単位は秒
	End（0）　測定区間の終端時刻（0で全体の意）
	Interpolation（Sinc70）　補間方法を「None, Parabolic, Cubic, Sinc70, Sinc700」から選択
例	**Get minimum: 0, 0, "Parabolic"**
	サウンドオブジェクトの全区間における振幅の最小値を求める。補間方法は二次曲線。

名称	**Get mean...**
対象	Formant object
書式	Get mean: FormantNum, Start, End, "Unit"
機能	指定区間の振幅の平均値を求める。
引数(デフォルト値)	FormantNum（1）　フォルマントの番号（F1, F2... の数）を指定
	Start（0）　測定区間の始端時刻、単位は秒
	End（0）　測定区間の終端時刻（0で全体の意）
	Unit（Hertz）　単位を「Hertz, Bark」から選択
例	**Get mean: 1, 0, 0, "Hertz"**
	フォルマントオブジェクトの全区間におけるF1周波数の平均値を単位Hzで求める。

名称	**Get mean...**
対象	Sound object
書式	Get mean: Channel, Start, End
機能	指定区間の振幅の平均値を求める。
引数(デフォルト値)	Channel（0）　ステレオの場合、左チャンネルは1、右チャンネルは2。なお3以上を指定してもチャンネル1を扱う。
	Start（0）　測定区間の始端時刻、単位は秒
	End（0）　測定区間の終端時刻（0で全体の意）
例	**Get mean: 1, 0, 0**
	サウンドオブジェクトの全区間における振幅の平均値を求める。

名称	**Get number of intervals...**
対象	Textgrid object
書式	Get number of intervals: TierNum
機能	テキストグリッドの指定したインターバル層におけるインターバルの数を求める。
引数(デフォルト値)	TierNum（1）　テキストグリッドにおける層の番号（上から1, 2...）
例	**Get number of intervals: 1** テキストグリッドオブジェクトの1番目の層におけるインターバルの数を求める。

名称	**Get number of points...**
対象	Textgrid object
書式	Get number of points: TierNum
機能	テキストグリッドの指定したポイント層におけるポイントの数を求める。
引数(デフォルト値)	TierNum（1）　テキストグリッドにおける層の番号（上から1, 2...）
例	**Get number of points: 1** テキストグリッドオブジェクトの1番目の層におけるポイントの数を求める。

名称	**Get quantile...**
対象	Formant object
書式	Get quantile: FormantNum, Start, End, "Units", Quantile
機能	指定区間内の指定フォルマントの分位数を求める。
引数(デフォルト値)	FormantNum（1）　フォルマントの番号（F1, F2...の数字）を指定 Start（0）　測定区間の始端時刻、単位は秒 End（0）　測定区間の終端時刻（0で全体の意） Units（Hertz）　単位を「Hertz, Bark」から選択 Quantile（0.5）　0〜1の範囲の小数で与える分位点。0.5であれば中央値（median）が得られる。
例	**Get quantile: 1, 0, 0, "Hertz", 0.25** フォルマントオブジェクトの全区間におけるF1の第1四分位数を単位Hzで求める。

名称	**Get standard deviation...**
対象	Formant object
書式	Get standard deviation: FormantNum, Start, End, "Unit"
機能	指定区間における指定フォルマントの周波数の標準偏差を求める。
引数(デフォルト値)	FormantNum（1） フォルマントの番号（F1, F2...の数）を指定
	Start（0） 測定区間の始端時刻、単位は秒
	End（0） 測定区間の終端時刻（0で全体の意）
	Unit（Hertz） 単位を「Hertz, Bark」から選択
例	**Get standard deviation: 1, 0, 0, "Hertz"**
	フォルマントオブジェクトの全区間におけるF1周波数の標準偏差を単位Hzで求める。

名称	**Get starting/end point...**
対象	Textgrid object
書式	Get starting/end point: TierNum, IntervalNum
機能	テキストグリッドの指定したインターバル層における指定したインターバルの開始/終端時刻を求める。
引数(デフォルト値)	TierNum（1） テキストグリッドにおける層の番号（上から1, 2...）
	IntervalNum（1） インターバルの番号（先頭から1, 2...）
例	**Get starting point: 1, 1**
	テキストグリッドオブジェクトの1番目の層における最初のインターバルの開始時刻を求める。

名称	**Get time of minimum/maximum...**
対象	Formant object
書式	Get time of minimum/maximum: FormantNum, Start, End, "Unit", "Interpolation"
機能	指定区間内の指定フォルマントの最小/最大値の時刻を求める。
引数(デフォルト値)	Start（0） 測定区間の始端時刻、単位は秒
	End（0） 測定区間の終端時刻（0で全体の意）
	Unit（Hertz） 単位を「Hertz, Bark」から選択
	Interpolation（Parabolic） 補間方法を「None, Parabolic」から選択
例	**Get time of minimum: 1, 0, 0, "Hertz", "Parabolic"**
	フォルマントオブジェクトの全区間におけるF1の最小値（単位はHz）の時刻を求める。補間方法は二次曲線。

名称	**Get time of minimum/maximum...**
対象	Sound object
書式	Get time of minimum/maximum: Start, End, "Interpolation"
機能	指定区間内の振幅の最小／最大値の時刻を求める。
引数(デフォルト値)	Start（0）　測定区間の始端時刻、単位は秒
	End（0）　測定区間の終端時刻（0で全体の意）
	Interpolation（Sinc70）
	補間方法を「None, Parabolic, Cubic, Sinc70、Sinc700」から選択
例	**Get time of minimum: 0, 0, "Parabolic"**
	サウンドオブジェクトの全区間における振幅の最小値の時刻を求める。補間方法は二次曲線。

名称	**Get standard deviation...**
対象	Sound object
書式	Get standard deviation: Channel, Start, End
機能	指定区間の振幅の標準偏差を求める。
引数(デフォルト値)	Channel（0）　ステレオの場合、左チャンネルは1、右チャンネルは2。なお3以上を指定してもチャンネル1を扱う。
	Start（0）　測定区間の始端時刻、単位は秒
	End（0）　測定区間の終端時刻（0で全体の意）
例	**Get standard deviation: 1, 0, 0**
	サウンドオブジェクトの全区間における振幅の標準偏差を求める。

名称	**Get time of point...**
対象	Textgrid object
書式	Get time of point: TierNum, PointNum
機能	テキストグリッドの指定したポイント層における指定したポイントの時刻を求める。
引数(デフォルト値)	TierNum（1）　テキストグリッドにおける層の番号（上から1, 2...）
	PointNum（1）　ポイントの番号（先頭から1, 2...）
例	**Get time of point: 1, 1**
	テキストグリッドオブジェクトの1番目の層における最初のポイントの開始時刻を求める。

名称	**Get value at time…**
対象	Formant object
書式	Get value at time: FormantNum, Time, "Units", "Interpolation"
機能	指定時刻の指定フォルマントの値を求める。
引数(デフォルト値)	FormantNum（1） フォルマントの番号（F1, F2… の数）を指定 Time（0.5） 測定時刻、単位は秒 Units（Hertz） 単位を「Hertz, Bark」から選択 Interpolation（Linear） 補間方法は直線のみ
例	**Get value at time: 1, 0.37, "Hertz", "Linear"** フォルマントオブジェクトの0.37秒時点におけるF1の値を単位Hzで求める。

名称	**Get value at time…**
対象	Pitch object
書式	Get value at time: Time, "Unit", "Interpolation"
機能	指定時刻のピッチの値を求める。
引数(デフォルト値)	Time（0.5） 測定時刻、単位は秒 Unit（Hertz） 単位を「Hertz, Hertz（logarithmic）, mel, logHertz, semitones re 1Hz, semitones re 100Hz, semitones re 200Hz, semitones re 440Hz, ERB」から選択 Interpolation（Linear） 補間方法は「Nearest（直近値）、Linear」から選択
例	**Get value at time: 0.37, "semitones re 440Hz", "Linear"** ピッチオブジェクトの0.37秒時点における値を単位セミトーン（基準値440Hz）、直線補間で求める。

名称	**Read from file…**
対象	変数、文字列
書式	Read from file: fileName$ あるいは " ファイル名 ""
機能	ファイルをオブジェクトとして読み込む。
引数	ファイル名を格納した変数、あるいはファイル名の文字列 。
例	**Read from file: "test.wav"** カレントディレクトリにある「test.wav」ファイルを読み込む "

名称	**selectObject**
対象	任意のオブジェクト
書式	selectObject: ObjectID あるいは "ObjectName"
機能	オブジェクトをこれからの操作の対象として指定する。。
引数	ObjectID　　Praatのオブジェクトウィンドウに現れた全てのオブジェクトについて自動的に付与される固有の番号。オブジェクトを生成するコマンド（例えばTo Pitch）を用いる時、左辺にIDを格納する変数を置くこと（例えば pitchID = To Pitch）で、ObjectIDを参照できるようになる。
	ObjectName　生成されたオブジェクトのタイプと名前。IDと異なり、一つ一つのオブジェクトに固有のものではなく、重複がありうる。その場合、selectObject は最近生成されたものを選ぶ。
例	**selectObject: "Pitch test"**
	タイプはPitch、名前はtestというオブジェクトをセレクトする。
	selectObject: pitchID
	あらかじめ、pitchIDという数値変数に格納したID番号を参照して、オブジェクトをセレクトする。

名称	**To Formant (burg)...**
対象	Sound object
書式	To Formant（burg）: TimeStep, MaxNumber of Formants, MaxFormant,WindowLength,Pre-emphasisFrom
機能	Burg法によりフォルマントを求め、フォルマントオブジェクトを作る。
引数（デフォルト値）	TimeStep（0）　分析のための時間ステップ（0は自動設定の意） MaxNumber of Formants（5）　最大フォルマント数 MaxFormant（5500）　フォルマントの最高周波数 WindowLength（0.025）　分析窓幅 Pre-emphasisFrom（50.0）　プリエンファシス開始周波数
例	**To Formant（burg）: 0, 5, 5500, 0.025, 50** 時間ステップはデフォルト、フォルマントの数は最大で5つと仮定し、最高値5500Hz, 分析窓幅0.025秒、プリエンファシス開始周波数50Hzでフォルマント分析を行う。

名称	**To intensity...**
対象	Sound object
書式	To intensity: MinimumPitch, TimeStep, SubtractMean
機能	音圧を求め、インテンシティーオブジェクトを作る。
引数（デフォルト値）	TimeStep（0）　分析のための時間ステップ（0は自動設定の意） MinimumPitch（100）　ピッチの最低値 SubtractMean（1）　計測値から平均値分を減算する（1はオン）
例	**To intensity: 0, 60, 1** 時間ステップはデフォルト、最低値60Hz, 平均値減算オンで音圧分析を行う。

名称	**To LPC (burg)...**
対象	Sound object
書式	To LPC (burg) : PredictionOrder, WindowLength, TimeStep,Pre-emphasis
機能	Burg法によりLPC係数を求め、LPCオブジェクトを作る。
引数(デフォルト値)	PredictionOrder（16） LPCの次数
	TimeStep（0.005） 分析のための時間ステップ（単位は秒）
	WindowLength（0.025） 分析窓幅
	Pre-emphasisFrom（50.0） プリエンファシス周波数
例	**To LPC (burg) : 16, 0.005, 0.025, 50**
	LPC（線形予測）の次数を16、時間ステップは0.005秒、分析窓幅0.025秒、
	プリエンファシス周波数50HzでLPC分析を行う。

名称	**To Pitch...**
対象	Sound object
書式	To Pitch: TimeStep, PitchFloor, PitchCeilling
機能	ピッチの分析を行い、ピッチオブジェクトを作る。
引数(デフォルト値)	TimeStep（0） 分析のための時間ステップ（0は自動設定の意）
	PitchFloor（75） 分析対象となるピッチの最低値
	PitchCeilling（600） 分析対象となるピッチの最高値
例	**To Pitch: 0, 60, 250**
	時間ステップはデフォルト、最低値60Hz, 最高値250Hzでピッチ分析を行う。

名称	**writeInfo**
対象	変数、文字列
書式	writeInfo:
機能	インフォウィンドウに上書き出力する（すでに表示されているものは消える）。
引数(デフォルト値)	appendInfoと同様。
例	appendInfoと同様。

名称	**writeInfoLine**
対象	変数、文字列
書式	writeInfoLine:
機能	インフォウィンドウに上書き出力し（すでに表示されているものは消える）、
	最後に改行する。
引数(デフォルト値)	appendInfoと同様。
例	appendInfoと同様。

スクリプトにおける予約語

スクリプト内で変数名として使うことができない、Praatによってあらかじめ予約されている単語の一覧です。組み込まれた関数名として使われている場合もあれば、中身の決まった変数として定義されている場合もあります。

予約語	意味
tab$	インフォウィンドウに「タブ」を出力
newline$	インフォウィンドウに「改行」を出力
shellDirectory$	Praatが起動する際のデフォルトのディレクトリ
homeDirectory$	コマンドラインを用いる時のデフォルトのディレクトリ
fixed$（入力, 桁数）	小数点以下の桁数を指定して入力を固定幅で表示する関数
percent$（入力, 桁数）	小数点以下の桁数を指定して入力を100分率で表示する関数
macintosh	現在Praatが稼働しているマシンのアーキテクチャは何であるかを示す。macintoshならば「1」が入る。
windows	現在Praatが稼働しているマシンのアーキテクチャは何であるかを示す。windowsならば「1」が入る。
unix	現在Praatが稼働しているマシンのアーキテクチャは何であるかを示す。unixならば「1」が入る。
praatVersion$	現在稼働しているPraatのバージョンを保持する。

無音音声の作成方法

第 3 章で扱った [Concatenate] コマンドを使用し、音声の前後に無音部を追加して音声ファイルの長さを調整したり、複数の音声を連結する場合に音声間に無音部を挟むことがあります。Praat では次の手順で無音の音声を作成できます。

オブジェクトウィンドウの上部メニューの [New] → [Create Sound from formula...] を実行します。すると「Create Sound from formula」という名前の小さなウィンドウが出現します。各項目の設定値は以下の通りです。

- Name: 作成する Sound オブジェクトの名前
- Number of channels: 作成する音声のチャンネル数。モノラルの場合「1」、ステレオの場合は「2」
- Start time(s): 一般的な用途では初期値（0.0）のままにしましょう。
- End time(s): 作成する音声の長さを秒で入力します。0.5 秒の無音音声を作成したい場合は「0.5」と入力します。
- Sampling frequency(Hz): 作成する音声のサンプリング周波数
- Formula: 初期値を削除し「0」と入力します。

各項目を入力した後、[OK] をクリックすると「Name」の項目で指定した名前の Sound オブジェクトがオブジェクトウィンドウに出現します。

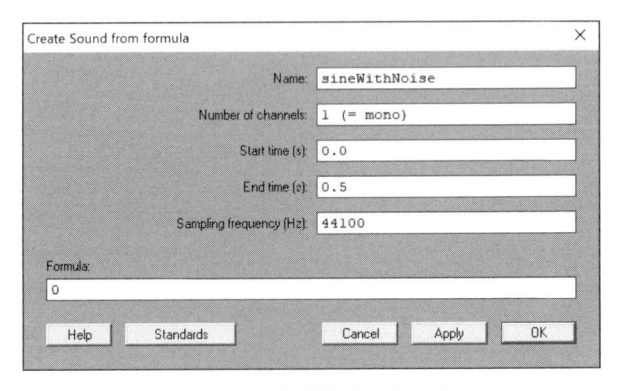

［図］0.5 秒の無音音声を作成する例

クリッピングについて

音声の収録の際には、クリッピングを避ける必要があります。クリッピングは、音声の収録レベルが高い時（音量が大きすぎる時）に起こります。Praatの SoundRecorder を使用する場合（第1章）は、画面に表示されるメーターが振り切れてしまっている場合に起こります。

次の図は音声のクリッピングに関するイメージ図です。

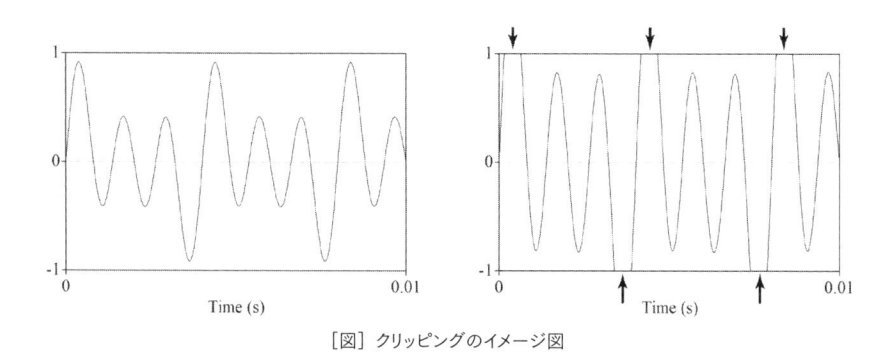

［図］クリッピングのイメージ図

左の図の波形の最大振幅を2倍に増幅したのが右の図の波形です。左の波形は波形の振幅が±1の範囲に収まっていますが、右の波形では矢印で示した区間で振幅が±1の範囲を超え、波形が途切れてしまっています。これが「クリッピングしている」状態です。クリッピングしている区間は、データとして記録されませんので音声の収録時には音量のレベルに注意しましょう。

また、第3章で扱った音量の正規化を行う際にも注意が必要です。加工元の音声が±1の範囲に収まっていても音量の増幅を行った結果、±1を超えクリッピングさせてしまうことがあるからです。特に［Scale intensity...］コマンド（3.2章）を使った場合に意図せず起こり得る現象ですので、作業後にチェックするようにしましょう。

著者紹介

北原真冬(きたはら まふゆ)
[0・1・4・5・10・14章]
1997年京都大学大学院文学研究科博士後期課程退学。2001年インディアナ大学大学院PhDプログラム修了。上智大学教授。
(主論文) *Category and Function of Pitch Accent in Tokyo Japanese*(インディアナ大学博士論文、2001)、「英語のストレスに立ち向かう日本語話者」(日本音韻論学会編『現代音韻論の動向—日本音韻論学会20周年記念論文集』開拓社、2016)

●
(ひとこと)スクリプト処理を見越してメリハリのある手作業をこころがけましょう。

田嶋圭一(たじま けいいち)
[2・6・8・11・12章]
1998年インディアナ大学大学院PhDプログラム修了。法政大学教授。
(主論文)「音声学・音韻論が英語教育に与える示唆」(藤田耕司他編『最新言語理論を英語教育に活用する』開拓社、2012)、Training English listeners to perceive phonemic length contrasts in Japanese (*Journal of the Acoustical Society of America*、共著、2008)。

●
(ひとこと)Praatをツールに、音声(ひいては言葉)を目と耳でしっかりと観察する力をつけましょう。

田中邦佳(たなか くによし)
[3・7・9・13章]
2014年法政大学大学院人文科学研究科博士後期課程単位取得満了。法政大学・大東文化大学・多摩リハビリテーション学院兼任講師。
(主論文)「東京・関西方言でアクセント型の異なる2モーラ名詞の発話について—母語発話と非母語発話の音響的分析から」(『音韻研究第9号』開拓社、共著、2006)。

●
(ひとこと)Praatでの作業は、なかなか思うようにいかないことも多々あると思います。いつかステキな結果が得られることを信じて試行錯誤してみましょう。

音声学を学ぶ人のためのPraat入門

Introduction to Praat for learners of phonetics
Mafuyu Kitahara, Keiichi Tajima, Kuniyoshi Tanaka

発行	2017年11月7日　初版1刷 2021年3月3日　　2刷
定価	2400円＋税
著者	©北原真冬・田嶋圭一・田中邦佳
発行者	松本功
ブックデザイン	大崎善治
印刷・製本所	株式会社 シナノ
発行所	株式会社 ひつじ書房 〒112-0011 東京都文京区千石2-1-2 大和ビル2階 Tel 03-5319-4916　Fax 03-5319-4917 郵便振替 00120-8-142852 toiawase@hituzi.co.jp　http://www.hituzi.co.jp/

ISBN978-4-89476-871-0

刊行物のご案内

ELAN 入門　言語学・行動学からメディア研究まで
細馬宏通・菊地浩平 編　定価 2400 円＋税

「あ」は「い」より大きい!?　音象徴で学ぶ音声学入門
川原繁人 著　定価 1800 円＋税

ひとりでも学べる日本語の発音
OJAD で調べて Praat で確かめよう
木下直子・中川千恵子 著　定価 1600 円＋税